어서 와,

이런 철학은 처음이지?

# 어서 와,
# 이런 철학은 처음이지?

———

파트릭 브라이텐바흐, 닐스 쾨벨 지음

박병화 옮김

율리시즈

# 머리글

아, 포스트모더니즘이여! 지금, 세상은 더없이 의미로 충만해 있고 이성적이다. 그 어느 때보다 네트워크가 잘 구축되고 정보화되어 있으며, 자율적으로 사는 것이 가능해졌다. 바로 지금, 인류는 미성숙한 상태에서 벗어나 스스로를 책임져야 한다.

수백 년간의 철학사나 정신사를 잠깐 들여다보기만 해도 인류가 이런 자유를, 이 '친절한 공동생활의 형태'(브레히트)를 얼마나 염원해왔는지 알 수 있다. 제약 없는 소통이 하버마스의 생기 없는 이론에 머물지 않고 다원성과 자유, 관용이 넘치는 현실적인 삶으로 구체화되는 사회를 인류가 간절히 꿈꿔왔다는 것도 짐작할 수 있다. 사실 진즉에 이렇게 되었어야 했다.

그러나 불길을 당기기 위한 도화선은 짧고, 인내라는 자원도 빠듯한 것 같다. 이 또한 포스트모던한 삶의 현실이다. 우리의 관심은 갈수록 복잡해지는 현실에 묶여버리고, 가속화되는 속도에 에너지도 고갈되고 있다.

생각이 단순하거나 뭔가를 부추기기 좋아하는 사람에게 이런 현실은 이상적인 활동의 장이 되기도 한다. 이런 사람들은 단순한 해답으로 현 시대의 다면성을 극단화시킨다. 그러고는 순수한 교체라고 주장하면서 선동을 통해 방향성 없는 흥분 상태나 일시적 히스

테리, 최악의 경우 동요와 불안을 조장한다. 촉매제로서의 말은 때로 이런 기능도 한다.

다행히 이런 사회적 폭약을 섬세하고도 과학적인 감각과 정확한 언어로 분석한 후, 모두가 지켜보는 가운데 단계적으로 해체해버리는 폭탄처리반이 있다. 4년 전 닐스 쾨벨 박사가 파트릭 브라이텐바흐와 결성한 '소치오포트Soziopod' 드림팀이 바로 그런 존재다.

이 팟캐스트는 수상으로 그 공로를 인정받았고 방송도 벌써 40회나 했다. 이들은 단순히 우리의 말을 듣고 관찰하는 데 그치지 않고, 이제 이 책을 함께 읽을 기회까지 만들어주었다. 덕분에 우리는 도그마로 보이는 것들을 간단히 제거하고, 우리 자신의 생각을 정리하는 기쁨도 누리게 되었다.

이들은 정체성과 문화, 사회에 대한 이야기를 8개의 장으로 나누어 전개해 나간다. 묻고 설명하고 되묻고 덧붙이는 식으로 대화와 토론을 진행하므로 아주 생생하고도 재미있게 읽힌다.

또 쾨벨과 브라이텐바흐는 문제를 현재와 연관지어 설명하기 위해 논리적으로 당연한 이론에 끊임없이 의존한다. 조지 허버트 미드와 지그문트 프로이트를 시작으로 페터 비에리와 예스퍼 율을 거쳐 앞에서 이미 언급한 하버마스에 이르기까지, 정신사의 위인이라할 만한 대가들을 등장시켜 독자의 시야와 지평까지 넓혀준다.

  이 책은 인식론의 걸작이다. 동시에 자기성찰과 논쟁의 기술을 익히고 비판적인 물음의 힘을 연구하는 도구까지 제공한다는 점에서 소크라테스식 삶의 지혜에 대한 안내서이기도 하다. 우리 시대의 영향력 있는 철학자 중 한 사람인 마사 누스바움의 말은 이 책이 전하려는 바를 명확히 요약한다. '자신을 인지하고 자기효능감을 느끼는 사람. 행동과 생각이 일치하고, 자신의 삶과 생각의 한계를 넘어 상상력을 발휘하고 감정을 이입할 줄 아는 사람. 이런 사람은 불안이나 불안의 대상 앞에 무장이 되어 있다.' 이런 점들이야말로 다원화된 세계에서 우리의 자리와 소속, 운명을 만들어내기 위한 최선의 기본조건이 아닐까? 이런 의미에서 소망해본다.

  '용감히 깨우치길!'

– 나디아 차부라 Nadia S. Zaboura

일러두기 ─────────
이 책에서 대담을 이어가고 있는 진행자 파트릭 브라이텐바흐와 닐스 쾨벨은
편의상 파트릭과 닐스로 표기했습니다.

제1부

나

# 1장

# 나는 누구일까?

### 정체성, 청춘, 주관성

**파트릭**  누구일까, 나는?

**닐스**  뭔 소리야?

**파트릭**  나는 누구이고, 나라는 사람은 어디서 왔냐 이거지. 내 정체
성이 궁금한 거야. 그런데 이 정체성이란 또 뭐지?

**닐스**  아하, 이제야 무슨 말인지 알겠군. 한번 생각해보지 뭐. 심리학
과 사회학에서는 아주 오랫동안 정체성이란 개념에 매달렸어. 덕분
에 썩 괜찮은 정의를 내렸지. 아주 간단명료하게 말이야.
　정체성의 개념은 전반적으로 정체성 연구에 큰 특징을 부여한 심
리학자 에릭 에릭슨Erik Erikson의 생각에 토대를 두고 있어. 에릭슨의
걸출한 제자인 아우구스토 블라지Augusto Blasi가 이것을 기초로 간단

하게 정의를 내렸고.

블라지는 '나는 누구인가?'라는 질문에 대한 내답이 곧 정체성이라고 했어. 이 물음에 스스로 답하다 보면 자신의 정체성을 알게 된다고 말이야. 아주 간단하고도 복잡한 문제지.

파트릭   그럼 한번 시험해볼까? 나는 누구이고 너는 누구냐고 네가 내게 물었다고 쳐. 나는 이렇게 대답해. "나는 파트릭이고, 자네는 닐스야." 하지만 이런 게 정체성은 아니잖아?

닐스   이름도 중요해. 많은 의미를 내포하고 있고. 하지만 몇 가지가 빠져 있기는 하지.

파트릭   '직업이 무엇인가'와 같은 의미 말이지?

닐스   재밌는걸. 단순한 것 같은 질문에도 답하기가 얼마나 어려운지 이것만 봐도 알 수 있어. 내가 누군지 제대로 답하려면 이 자리에서 간단하게라도 설명해야 하니까 말이야. 말하자면, 나는 사회학을 공부하고 교육학으로 박사학위를 받았어. 그 후에 프랑크푸르트와 기센, 쾰른 대학교에서 강사 생활을 했고, 현재는 마인츠 대학교 강사로 근무하고 있지. 이 책이 출판될 때쯤이나 10년 후 서가에서 이 책을 꺼내볼 때는 전혀 다른 일을 할 수도 있고. 그런데 너는 뭐라고 설명할 거야?

파트릭   나는 훨씬 복잡해. 여러 과정을 시작했다가 결국 미디어 디자이너가 됐어. 지금은 디지털 방식의 변화와 마케팅, 전략 분야에서 기업 컨설턴트로 일하고 있지. 대학 강사에 저술, 팟캐스트, 블로그, 강연 일도 겸하면서 말이야. 겉모습만 보면 그동안 해온 일들하고 잘 안 어울리지? 그만큼 이야깃거리가 많아. 그래서 이런 질문을 받으면 입을 꾹 다물고 있다가 "아, 복잡해요"라고 얼버무리지.

**닐스** 하지만 너도 알다시피 직업은 정체성을 설명하는 데 아주 중요해. 우린 삶의 대부분을 돈벌이에 매달리고, 그 활동으로 자신을 규정하는 측면이 강하니 말이야.

**파트릭** 맞아. '고향은 어디죠?'나 '성장 과정은 어땠어요?', '어떤 교육을 받았지요?', '당신의 정체성을 말해줄 다른 특별한 것이 있나요?', '가족상황은 어떻게 되나요?' 같은 질문의 답을 직업이 대신할 때도 있고.

**닐스** 가족상황이라, 그 말 정말 잘 꺼냈어. 가정은 정체성이 형성되는 곳이야. 가정이나 교육, 고향 모두 '나는 어디서 와서 어디로 가는가?' 하는 문제와 관련이 있지.

**파트릭** 흥미로운걸. 그런 질문이 직업의 길과 직접 관련이 있다니. 난 산업화된 도시의 노동자 가정에서 자랐어. 정치적인 관심과 참여의식이 높은 할아버지가 교육을 매우 중요하게 생각하신 덕분에 주변에 책이 많았지. 할아버지 소유의 공장, 내가 뛰어놀 만한 정원도 있었어. 아무튼 그런 분위기에서 자라며 창의성과 자유, 참여의식에 강한 자극을 받았다고 할까. 또 80년대 독일의 교육 시스템 속에서 성장했고. 다른 나라, 다른 문화의 사람들과 비교하면 아주 많은 길이 열려 있었던 셈이지.

닐스   그럼 이제 정치 성향이나 종교적 관점과 관련된 질문을 해도 되겠지?

파트릭   좋아. 그런데 어쩐지 정체성에 대한 질문은 은밀한 부분을 건드려서 답변을 주저하게 만드는 것 같은걸.

닐스   바로 그거야. 그렇다면 이제 우리는 핵심에 접근한 거야. 에릭슨이라면 정체성이 언제나 특정 세계관의 주제군 주변을 맴돈다고 말할지도 몰라. 정치적 노선이나 종교관, 윤리관같이 우리의 과거와 미래를 관련짓고 서로 병치시키는 필수적인 질문 말야. 이런 것들이 '나는 누구일까?'라는 질문에 대한 답변의 핵심을 이루는 거야.

에릭 에릭슨

1902-1994
정체성 연구가, 정신분석학자
"인간이 세상을 알고 자신을
모른다면 무슨 소용이 있는가"

**파트릭**  그 말은 이 물음이 상위질문이라는 의미지? 여러 다양한 부분질문이 있을 때만 답할 수 있는 물음 말이야. 따라서 절대로 명확한 본질에는 접근할 수가 없지. 그러니까 정체성이나 정체성에 대한 물음은 평생 지속되는 쟁점이라고 할 수 있어. 나 자신과 타인, 나에 대한 타인의 인식과 관계된 자기성찰이기도 하고. 요컨대 정체성은 살아가는 동안 우리나 타인이 우리 자신에게 던지는 질문에서 비롯돼. 가령 네가 나에게 '신은 어떤 존재야?'라고 묻는다고 쳐. 그럼 내 대답에는 신이라는 대상이나 신의 존재 여부보다는 나와 내 정체성에 대한 내용이 더 많이 들어 있게 될 거야.

**닐스**  맞아, 그 대답은 너에 대한 뭔가를 말해주지. 세계관과 관계된 질문은 다 그래. 많은 답변의 배후에 숨어 있는 가치평가도 마찬가지고. 무엇이 옳은가? 무엇이 나쁜가? 무엇이 악한가? 이런 질문들에 대답하다 보면 우리 자신의 많은 부분을 드러내게 돼. '나는 정말 누구일까? 나는 어떤 존재일까? 나는 어떤 존재가 되려고 하는가?'와 같은 광범위한 질문과 연관돼 있기 때문이야.

에릭슨은 정체성에 대한 의문이 청소년기에 가장 강하게 나타난다고 했어. 그전에는 이런 물음에 제대로 답할 수 없으니까. 물론 아이들도 정체성과 관련된 이름을 말할 수는 있겠지. 가족 중의 주요한 인물들 말이야. 하지만 청소년기에 접어들고 사춘기에 이르러서야 비로소 정체성에 강한 흥미를 드러내지. 그때 비로소 '나는 정말 누구인가?'라는 물음이 생기거든.

이 물음은 갈망과 연결되어 있어. 다른 사람들에게 보이는 내 모습이나 부모와 선생님이 바라보는 나와는 전혀 다른 유일무이한 존재가 되고픈 갈망 말이야. 선생님은 단지 많은 학생 중 한 사람의 역할로만 나를 보겠지만 나는 뚜렷이 구분되는 유일한 존재가 되기를 바라지. 그래서 높은 평가를 받기 위해 남들과는 완선히 다른 것에 우선적으로 가치를 두기도 해.

**파트릭**  반항아나 재롱꾼이 돼서 또래 친구들에게 주목과 인정을 받기도 하고.

**닐스**  그렇다면 '진정한 자아'를 찾으려는 노력이 제대로 시작된 거라고 할 수 있어. 에릭슨에 따르면 청소년기는 정체성 모색의 시기이기도 해. 나 자신에 대한 탐색을 시작하는 거지.

**파트릭**  그럼 아이 때는 순수한 정체성이나 자의식 같은 게 없다는 의미야?

**닐스**  물론 있지. 하지만 아이들의 정체성은 늘 발전 단계에 있어. 나이가 들어가면서 생각이 발전하는 것처럼, 자신에 대한 생각도 성장하지. 처음에는 관련 사실들도 사소하고 구조도 엉성해서 그 생각이란 것도 아주 단순해. 그러다 발전 단계를 거치면서 점점 다듬어지고 차별화되는 거지.
　'나는 누구인가?'라는 물음에 아이들은 극히 단순한 성찰로, 즉 자기 이름이나 가족을 토대로 대답해. 철학자들이 주관성이라고 부르는 것을 바탕으로 말이야. 주관성은 인간의 정체성을 드러내는 결정적인 특징이니까.

**파트릭**  그 주관성이라는 개념을 좀 더 자세히 설명해봐.

닐스 　알았어. 정체성보다도 정의를 내리기 어려운 개념이지만, 현대 의식철학자인 디터 헨리히^Dieter Henrich 의 말로 설명해볼게. 헨리히는 본질적으로 자신과 관계를 맺는 기본능력을 주관성이라고 했어. 우리는 현재 내가 존재한다는 걸 의식하고 있는데, 덕분에 자신을 관조하거나 내면을 탐구하거나 자신과 대화를 나눌 수도 있지.

파트릭 　그럼 주관성은 자신을 성찰하는 능력 같은 건가? 거울을 들여다보듯 외부에서 자신을 관찰하거나, 거리를 두고 자기 행동을 바라보며 분석하는 능력 같은 것? 그러면 그런 상황 속에서 또 그런 상황에 대해 나는 어떤 느낌을 갖게 될까? 이런저런 상황에 이런저런 반응을 보이는 것은 나의 어떤 부분일까?
　거울을 들여다보듯 나를 성찰하다 보면, 부분적으로는 지극히 역설적인 나의 흥분도 관찰할 수 있을 거야. 예를 들어 아는 사람 중에 획기적으로 사고가 전환된 사람이 있다면 나는 한편으로는 기쁠 테지만 다른 한편에서는 그때까지 그러지 못한 나 자신에게 화가 나기도 하겠지.

닐스 　맞아, 그럴 거야. 그러니까 주관성은 말하자면 자신과의 관계 속으로 들어가는 능력 같은 거야. 타인을 지켜보듯 자신을 주시하는 능력 말이야. 그리고 이것은 자기감정이나 생각과 대립할 때만 가능하지. 이건 정체성 발달의 전제조건이기도 한데, 이런 능력이 있어야 '나는 대체 누구인가?'라는 결정적인 물음을 던질 수 있어서 그래. 따라서 정체성은 자신을 의식하는 근본적인 능력의 토대에서 생긴다고 할 수 있지.

**파트릭** 그러면 실제로 밖에서 나를 바라보는 주변 사람들은 얼마나 중요한 존재일까? 그들은 나와는 전혀 다른 시각을 가질 수 있을 텐데. 그들은 내 정체성 발달 과정에 전반적으로 어떤 영향을 미칠까?

**닐스** 주변 환경은 정체성 확립에 핵심적인 역할을 해. 정체성 연구의 대가 조지 허버트 미드<sup>George Herbert Mead</sup>는 정체성과 사회적 관계가 서로 긴밀하게 맞물려 있다고 했어. 타인과 함께 살면서 타인의 역할이나 관점에 친숙해져서 상대의 관점으로 나를 보고 이해할 수 있을 때만 정체성이 확립된다고 말이야.

**파트릭** 그 구체적인 예를 알고 있어?

**닐스** 모든 역할에는 일종의 짝이 필요해. 의사가 의사 노릇을 하려면 환자가 필요하듯, 환자도 환자가 되려면 의사의 치료를 받아야 하지. 또 학생이 있어야 선생 노릇을 할 수 있듯, 선생이 있어야 학생도 학생일 수 있어. 그렇게 두 역할이 딱 맞아떨어질 때 이상적인 상황이 주어지지. 환자는 의사의 치료를 받아들이고, 학생은 선생의 기대에 맞게 행동하는 거야. 반면에 한쪽이 기대를 저버리고 역할에서 벗어나면 언제나 위기가 발생해. 학생이 계속 수업을 방해하거나 선생의 말을 거역할 때, 환자가 의사의 말보다 구글 검색 결과를 더 신뢰할 때처럼.

이 모든 일들은 살아가는 내내 일어나기 마련이야. 그리고 아이와 청소년은 자라면서 다른 사람의 행동을 토대로 자신의 행동에 대한 사회적 반응을 더욱 정확히 읽어내게 되지. 이렇게 시간이 흐르면서 상대의 역할을 받아들이고 외부의 시각으로 자신을 바라보는 능력을 발전시키는 거야.

요컨대 인간은 상대와의 관점 교환을 통해 비로소 자신과의 관계를 정립할 수 있어. 정체성은 조용한 방 안에서 만들어지는 것이 아니란 말이지. 정체성을 확립하려면 다른 사람을 반영하는 과정을 거쳐야만 해.

**파트릭**   그 말은 정체성과 자아를 같은 것이라고 볼 때, 자아라는 것이 결코 독자적이거나 별도로 분리할 수 있는 것이 아니라는 의미잖아. 그럼 나와 세계를 분리한다는 것도 일종의 환상일 뿐인 거야?

**닐스**   바로 그거야. 인간에게는 누구나 정체성이 있는 것 같아. 하지만 정체성은 발전하고, 다른 사람이 없으면 절대 생겨날 수 없어.

**파트릭**   그렇다면 정체성이란 자체적으로 발달하는 것이 아니고, 언제나 일정한 양의 데이터와 정보 또는 외부의 입력이 필요하다는 말이군. 먹이와 피드백이 있어야 하는.

**닐스**   청소년기의 인격 발달에는 무엇보다 주변의 인정과 신뢰, 보호, 배려가 필요해. 이런 것들이 있어야 '나는 누구인가?'라는 물음을 유익한 방향으로 처리할 수 있지.

**파트릭**   '나는 누구인가?'라는 물음은 언제나 현재와 관련돼 있어. 하지만 흥미롭게도 이것은 미래의 정체성에 대한 물음, 즉 '나는 어떤 사람이 될 것인가?'와 연관돼. 그래서 사춘기가 되면 종종 근본적인 가치관에 회의를 품고 진실로 받아들인 원칙과 모범을 파고 드는 거야.

닐스  '나는 어디서 왔나?', '나는 어디로 가는가?' 이런 물음도 서로 밀접하게 얽혀 있어. 모든 인간은 언제나 순간의 시간 속에서만 자신일 수 있기 때문이야. 나는 매순간 이미 과거가 된 존재이면서 아직 오지 않은 미래의 존재이기도 해. 대화를 나누는 지금도 우리는 곧 과거의 존재가 돼버리지. 그래서 '나는 누구인가?'라는 물음은 언제나 '나는 누구였는가?', '나는 누가 될 것인가?', '나는 어떻게 현재의 내가 되었는가?'라는 질문과 연관될 수밖에 없어.

파트릭  이 글을 읽는 독자라면 지금 잠시 읽기를 멈추고 이런 질문들을 던져볼 수 있겠지?

닐스  당연하지.

파트릭  '나는 누구인가?'를 생각하니 불현듯 데카르트의 유명한 말이 떠오르는군. '나는 생각한다. 고로 나는 존재한다.' 너무 유명해서 아마 주방 타월에도 찍혀 있을걸. 데카르트는 대체 무슨 의미로 이런 말을 한 걸까? 에릭슨보다도 훨씬 전의 사람인데?

닐스  르네 데카르트$^{René Descartes}$는 17세기에 처음으로 주관성이라는 주제를 자기 철학의 중심으로 삼은 철학자야. 데카르트 이전, 특히 중세에는 신에 대한 물음이 철학의 중심주제였지. 어떻게 신의 존재를 증명할 수 있을까, 어떻게 하면 우주를 신의 질서 안에서 설명할 수 있을까 같은 문제들 말이야. 물론 그때도 '나는 정말 누구인가?'와 같은 질문은 있었지만 오늘날 우리가 생각하는 것과는 전혀 달랐지. 자신에 대한 물음은 역사의 흐름 속에서 엄청난 변화를 겪었어.

그 옛날에는 이 물음이 분명 중요하지 않았을 거야. 극도로 엄격한 사회구조 덕분에 세상에서의 자기 위치를 개인이 정확히 알았으니까. 수공업자의 아들이라면 아버지의 업을 물려받는 게 지극히 당연했을 테고, 귀족은 혈통과 상속을 통해 권력과 통치권을 자자손손 물려주었고. 그래서 개인의 위치란 세상에서 비교적 분명하고 눈에 잘 띄고 이해하기도 쉬웠어. 자연히 이 질문은 오늘날 우리가 생각하는 것처럼 절실한 문제는 아니었을 거야.

**파트릭**　맞아. 대답이 아주 간단했을 테니까. "당신은 누구요?"라고 물어도 "나는 쇼르쉬 카를의 아들이고, 아버지와 똑같이 대장장이입니다"라고 대답하면 끝이었을 거야. 그가 대장장이인 것은 지극히 당연하고, 그의 아들도 같은 길을 걸으며 똑같은 정체성을 갖게 되었을 테니까.

**닐스**　그렇지. 덕분에 세상은 언제나 지금과 똑같으리라고 생각했을 거야. 게다가 교회와 왕, 귀족이라는 견고한 권력구조도 있었으니. 자연히 이 세상에서의 정체성은 쟁점거리가 못 됐지.

**파트릭**　그 말인즉 '나는 어떤 존재가 될 수 있을까?'라는 물음도 정체성과 관련해 얼마간의 자유와 선택의 여지가 있을 때만 흥미가 당기고 끝내 복잡해질 수 있다는 의미지?

**닐스**　맞아. 현재의 삶에 진지한 대안이 있어야 그런 물음도 던질 수 있어.

**파트릭**　19세기 산업화 과정에서도 부분적으로는 아주 전통적인 흐름이 지속됐어. 노동자 가정의 일원은 새로운 정체성에 접근할 기회가 비교적 적었지. 반면에 시민계급(부르주아지)은 처음으로 귀족이나 성직자보다 더 많은 권력을 차지할 수 있었고, 또 본격적으로 자리 잡은 자본주의가 새로운 형태의 정체성을 만들어내기도 했는데, 예를 들어 반드시 귀족이어야만 공장주가 될 수 있는 건 아니었어.
　다음 단계로 포스트모더니즘과 새로 시작된 정보화 시대에 정체성의 대체와 관련해서 엄청난 비약이 일어나. 새로운 매스미디어

같은 것들을 통한 사회구조적 변화 덕분에 인간은 상상할 수도 없이 다양한 정체성을 발견하고 받아들이게 됐지. 비록 가상세계에서의 게임이나 환상 속에서지만 말이야.

그런가 하면 '접시닦이에서 백만장자까지' 같은 입지전적인 이야기와 이와 관련된 해방신화가 매스컴을 통해 널리 퍼져나가기 시작해. '어디 출신인가는 상관없다. 이론적으로 신분상승이 가능하니 뭔가 다른 일을 할 수 있다' 같은 신화 말이야. '누가 백만장자가 될 것인가?'에서부터 '독일은 슈퍼스타를 찾고 있다'나 현대판 신데렐라 이야기까지, 수많은 미디어 형식에는 이런 이야기와 서사구조가 숨어 있어.

**닐스** 방금 시민계급을 언급했는데 나도 간단히 한마디 할게. 19세기 시민계급에게 정체성은 커다란 관심사였어. 부르주아지의 본질적 특징은 권력과 통치권을 신분과 혈통을 통해 자동으로 물려주는 구조에서 벗어나 능력과 교양으로 방향을 전환하는 데 있었으니까. '능력이 사람을 만든다'라는 좌우명에 따라 '내겐 어떤 가능성이 있을까? 나는 어떤 사람이 될 수 있을까?'에 초점을 맞춘 거지.

여기서 자신의 가능성, 한계, 자신을 위한 설계도라는 측면에서 '나는 대체 누구인가?'라는 현대적인 물음의 윤리적 토대가 형성됐어. 이렇게 해서 정체성은 19세기와 20세기의 핵심 주제로 부상하고 오늘날 말하는 다중선택 사회가 점진적으로 발전하게 됐지.

**파트릭** 하지만 '능력이 사람을 만든다'라는 말은 거슬려. 그것이 아마도 '나는 누구인가?'가 아니라 '나는 정말 잘하고 있는가?'를 묻기 때문인 것 같은데.

**닐스**  그 질문이 끊임없이 따라다니지. 그것이 현대사회의 문제이기도 하고. 그렇다면 과연 언제나 나는 진정으로 "지금 이대로가 좋아"라고 말할 수 있을까? 임마누엘 칸트Immanuel Kant는 임종 당시 마지막 힘을 다해 "좋구나"라고 말했다고 해. 물론 전설에 불과하지만 어쨌든 소문은 그렇게 나 있지.

하지만 오늘날엔 그렇게 하기가 갈수록 힘들어지고 있어. 선택지는 늘고 세상은 너무 빨리 변해서 지금의 내 모습이 내가 원하던 것인지, 일시적으로라도 '내가 누구인가?'라는 물음에 답하기 위해 변하거나 적응하거나 좀 더 근본적으로 바뀌어야 하는지 살펴야 하기 때문이야.

자동차 정비공만 해도 그래. 20년 전에는 역할과 과제가 전혀 달랐어. 보닛만 열어봐도 어디가 고장 났는지 한눈에 알았지. 그래서 스패너를 들고 차를 수리할 수 있었잖아. 그런데 오늘날에는 메카트로닉 기술자mechatronics라고 이 직업을 부르는 명칭부터 다른데, 랩톱이 없으면 고장을 발견할 수도 없고, 사용하는 공구도 꼭 IT 전문가들이 쓰는 것처럼 생겼어.

**파트릭**  게다가 스스로를 자가 발전하는 존재로 이해한다는 문제까지 나타났지. 그 발전 과정은 후속 발전, 즉 자기최적화를 함축하고 있고. 하지만 자기최적화는 우리 집(몸)의 주인이 우리라는 사실을 전제로 해. 여기서 몸은 우리의 사원이고, 우리는 충분한 규율과 훈련으로 모든 목표에 도달할 수 있어.

물론 요즘에는 다양한 과학 분야에서 이러한 인간의 주권과 자유를 빼앗으려 하고 있지. 인간의 유전자를 극단적인 영향력을 발휘하는 프로그램으로 보는 생물학 이론도 있어. 많은 요소가, 이를테면 성격이나 정체성의 중요한 부분까지도 유전자와 더불어 사전에 프로그램이 되어 있다는 거야.

신경과학을 통해 뇌의 물질구조를 손상시키거나 특별히 외부 자극을 주어야만 행동이나 정체성의 특징에 영향을 미칠 수 있다는 사실도 알게 됐어. 또 몸 안의 커다란 세균덩어리를 연구하는 새로운 분야도 생겨났는데, 이 세균은 우리와 공생하는 외래 DNA로서 이것 없이는 소화도 제대로 시킬 수 없대. 우리의 기분과 부분적으로는 정체성에까지도 영향을 미치고. 이쯤 되면 '우리와 우리의 정체성을 통제하는 것은 무엇인가?'라는 의문이 생길 수밖에.

닐스　흥미로운 질문인걸! 네가 조금 전에 언급한 데카르트는 인간 내면에 중앙제어장치 같은 게 있다고 생각했어. 모든 것을 규정하는 자아, 운전대를 잡은 운전사 비슷한 것이 있다고 본 거지. 하지만 오늘날에는 그런 통제기구가 존재하지 않는다고 생각하는 것 같아. 대신에 인간은 아주 다양한 요인과 기능으로 구성된 시스템 같다는 생각이 갈수록 커지고 있지. 그리고 뇌의 이 시스템에 자아가 들어 있어서 정체성을 정확히 규정할 수 없다고 보는 거고.

파트릭　또 마약처럼 의식에 직접적으로 강력한 영향을 미치는 요인이나 물질도 있어. 가령 마약이 의식 상태를 대대적으로 변화시키면 정체성의 일부도 변해. 낮에는 엄청 수줍음을 타던 사람도 밤에 맥주 석 잔이나 코카인, 파티용 흥분제를 복용하고 거나하게 취하면 갑자기 난폭해지거나 달변의 슈퍼스타로 돌변할 수 있지. 부분적이긴 해도 극히 위험한 여파와 부작용으로 정체성이 본격적으로 변화할 수 있어.

**닐스**　마약을 복용하면 사회적인 피드백도 달라지지. 나를 다르게 평가하고, 나의 정체성을 보여줘도 정상일 때와는 다르게 받아들일 거야.

**파트릭**　외부의 권한이나 영향력도 달라지겠지. 내 단골이론도 여기서 생긴 거야. 사고의 틀 또는 밈^Meme 말이야.

**닐스**　무슨 말인지 간단하게 설명해줘.

**파트릭**　유전학을 보자고. 유전적 상속에 대한 이론 말이야. DNA 안에는 번식으로 복사되는 구체적인 구조의 틀이 들어 있어. 그런데 똑같은 기능을 하는 뭔가 다른 것이 있지. 대대로 전달되는 특징이나 행동방식 혹은 지식 같은 것들인데, 이런 것은 분명 유전에 의해 전달되지는 않아. 패션 트렌드나 말씨, 음악, 기술, 예술 같은 문화적 기술을 통해서도 정보와 생각, 지식, 행동방식이 대대로 전달된다고.

　진화생물학자 리처드 도킨스^Richard Dawkins 는 이런 맥락에서 '밈'이라는 개념을 만들어냈어. 도킨스에 따르면 밈은 문화 정보의 매개물 같은 것이야. 그리고 전달은 신체적 번식이 아니라 소통을 통해, 무엇보다 모방을 통해 이루어지고.

　유행은 어떻게 퍼질까? 모방을 통해서야. 언어는? 마찬가지. 우리는 이런 문화적 정보인 밈에 둘러싸여 있고, 이것은 지속적으로 우리에게 영향을 미쳐. 매스미디어에 비하면 밈의 수와 형태는 비교적 한눈에 알아볼 정도로, 많지는 않아. 가족구성원 말고 마을에서 권위를 지닌 사람은 의사나 목사, 교사밖에 없는 것처럼. 하지만 이 사람들이 분위기를 선도하면서 서로 어떻게 교류하는 것이 최선인지, 무엇이 진실이고 거짓인지 공동체에 설명해주는 밈을 퍼트리지.

오늘날 우리는 텔레비전이나 유튜브, 페이스북으로 동영상을 봐. 그리고 이런 동영상들은 직접적으로든 간접적으로든 어떻게 하는 것이 최선인지, 무엇을 할 수 있고 해야 하는지에 대해 엄청나게 다양한 메시지들을 전달해주지. 이 모든 것을 생각해보면, 정체성은 구기 종목에서 이리저리 주고받는 공처럼 여겨질 수도 있어.

중세에는 유통되는 밈이 훨씬 적었어. 밈이 무서운 속도로 발전하지도 않았고. 종교나 풍속 등의 규칙은 한눈에 알아볼 수 있었기 때문에 유행도 많지 않았고 삶의 현실이나 노는 방식도 단순했지. 하지만 오늘날은 거의 매일 새로운 트렌드들이 생겨나고 있지 않아? 과대광고가 판을 치면서 수많은 윤리관들이 여기서 지배적인 계율이 되기 위해 싸우고 있고.

닐스  기대와 자극, 입력 정보가 너무 많아져서 이것들을 생산적으로 가공해야 할 정체성이 엄청 힘들어졌지. 덕분에 우리가 할 일이 아주 많아졌어. 정체성은 결코 개별적인 것이 아니어서 언제나 사회적인 소통형식에 개입해야 하니까. 이때 소통이 복잡할수록 내가 다뤄야 할 표면적인 모순과 주제들도 그만큼 많아지지. 예를 들어 미디어상의 논쟁 같은 다양한 자극에 노출돼 흥분하면 나는 끊임없이 묻게 돼. '살라피즘(초기 이슬람시대로 회귀해야 한다는 수니파의 이슬람 근본주의—옮긴이)에 나는 어떤 태도를 취할 것인가?', '안락사 문제에는 어떤 입장을 취할 것인가?'라고 말이야. 그리고 대답을 할 때마다 내 정체성의 일부를 포기하게 되지.

파트릭   정말로 그렇게 많은 외부자극에 반응해야 한다면, 이런 의문이 생길 수밖에 없어. '우리의 성체성은 얼마나 독립적인가? 나는 얼마나 자유로운 존재인가? 내 손에 쥘 수 있는 것이 얼마나 되나?' 그러다 보면 자의식은 이리저리 모독을 당하고 있다는 생각이 들고.

닐스   그런 전형적인 심리 모독은 지그문트 프로이트<sup>Sigmund Freud</sup>가 잘 표현해냈어. 프로이트는 인간은 무의식적인 요인과 충동, 탐욕을 통해 동기를 부여받는다고 봤지. 이런 통찰을 '우리 집의 주인은 우리가 아니다'라는 유명한 말로 표현했고, 이 말 자체가 19세기와 20세기에 대대적인 불안을 몰고 온 강력한 모독이었어. 요즘도 이 말은 인간의 자아개념을 계속 뒤흔드는 사회학적인 모독일 때가 많아.

지그문트 프로이트

1856 - 1939
의사, 심리학자, 현대 정신분석의 창시자
"이드가 있던 곳에 자아가 있어야 한다"

파트릭   그에 대한 예가 있다면?

닐스   환경에 대한 연구 결과들을 생각해보자고. 이 결과들은 우리가 사회적 배경에 얼마나 의존하는지 잘 보여줘. 성장 조건과 언어, 전반적인 표현습성에 얼마나 영향을 미치는지도 알려주고. 하지만 가장 효과적인 모독은 뇌 연구 결과인데, 예를 들어 내 안에서 어떤 세포뭉치가 활성화되면 내가 갑자기 사랑의 감정을 품거나 슬픔을 느끼거나 웃음을 터트리는 거야.

이런 사실들은 인간의 정체성이 물질에 종속되어 있다는 점을 분명하게 알려줘. 어느 면에서는 우리가 별로 자유롭지 못하다는 것을 보여주는 모독이야. 그래도 앞으로 보고 느끼겠지만, 인간에게는 자유에 대한 강한 의식이 있는 것 같아. 바로 이 의식에서 우리가 늘 만들어내는 자기 해석의 핵심이 생겨나고.

**파트릭** 자유나 부자유의 문제는 언제나 그래. 광고에서부터 테러에 대한 보도에 이르기까지, 미디어가 내 행동에 엄청난 영향을 미친다는 생각이 들면 순간적으로 새로운 자유를 찾아내게 돼. 나의 미디어 소비를 의식적으로 통제할 자유 같은 것 말이야. 물론 이런 시도가 100퍼센트 성공할 수는 없을 테지만 의식된 부자유로부터 다시 한 줌의 자유를 회복할 수는 있지. '올웨이즈 온Always On' 현상에서도 비슷한 것을 경험하고 있어. 디지털 사회에 지속적으로 접속하고픈 충동 말야. 하지만 지속적인 접속 가능성이 생활방식에 부자유를 가져온다는 자각이 들면, 행동을 바꾸고 접속을 차단하는 자유를 선택할 수 있지. 부자유를 인식하고, 그 인식에서 다시 자유를 찾는 거야.

**닐스** 의학에서도 인간을 더 자유롭게 만들어보려는 시도가 많이 이루어졌어. 예를 들어 우울증에 시달려도 그것이 최종 운명은 아닐 수 있다는 거야. 약을 먹거나 심리치료를 받는 식으로 자유를 되찾기 위한 조처를 취할 수 있으니까.

오늘날은 질병을 치료하거나 고통을 줄여주는 기술이 발전해서 자유를 되찾기도 쉬워졌어. 이처럼 한편으로는 우리의 한계를 보여주고 다른 한편으로는 그것을 통해 새로운 자유를 허용하는 것이 과학의 두 가지 측면이야. 덕분에 정체성의 한 부분을 선택할 길도 열렸지. 즉 치료를 선택할지 아니면 운명처럼 보이는 것에 순응할지 선택할 수 있게 됐어.

**파트릭**  이제 우리가 완전히 자유롭지도, 완전히 부자유하지도 않다는 걸 알겠어. 우리는 밈이나 다른 인간, 감정, 물질 등등 우주의 그 어떤 것과도 격리돼 있지 않아. 또 정체성을 위해 데이터스트림 같은 것과 지속적으로 연결될 필요가 있고, 어딘가에 플러그를 꽂아서 거대한 정보의 물결과 연결되어야 한다는 말이지. 이 물결에서 우리의 정체성을 재확인하고 발전시키고, 모방 장치를 통해 그것을 다시 반영해야 해. 타인들은 나를 모방하고 동시에 나는 내 정체성 속에서 타인들을 모방하는 거지.

**닐스**  인간은 근본적으로 평생 네트워크화 되어 있어. 언제나 끊임없이 우리의 개성 속으로 사회적 피드백이 흘러들어오는 현장에 있지.

**파트릭**  리처드 도킨스의 밈 이론으로 한 발 들어간 말 같은데? 도킨스는 《이기적 유전자》에서 인간은 근본적으로 자기 유전자를 전달하는 매체에 지나지 않는다고 했어. 유전 정보를 물려주는 일에 매달리는 매체 말이야. 인간을 유전자와 밈을 찍어내는 복사기로 격하시켰지. 또 정보 전달자의 가치보다 정보를 우위에 두는데 이런 그의 주장이 얼마간은 옳다고 할 수 있을까?

**닐스**  인간에게 그런 측면이 있기는 하지. 인간을 그렇게 볼 수 있는 건 분명해.

**파트릭**  서너 세대 과거로 거슬러 올라가보자고……. 조상 중에 닐스와 파트릭 같은 사람들이 아주 많다는 걸 알면 정말 흥미로울 거야, 그렇지? 유전적 특징에서부터 외모, 믿음이나 가치체계 같은 밈의 특성까지 말이야. 그중에 우리가 복제한 건 얼마나 될까? 우리의 정체성이 조상의 정체성과 얼마나 가까운지 알면 진짜 재밌을 거야.

**닐스**  맞아. 인간이 서로 어떻게 결합되어 있는지도 분명히 드러날 거야. 하지만 생물학적인 테두리 안에 있는 한, 돌연변이도 늘 생겨나지.

**파트릭**  당연하지. 리믹스 곡 같은 것 아닌가?

**닐스**  그거야, 리믹스 곡. 그리고 의식 차원에서도 변화가 있을 거야. 문화사의 진행과정에서도 마찬가지고. 가령 고대에는 사람들이 군중 앞에서 검투경기를 하다 서로 죽이기도 했어. 유죄 판결을 받으면 공개 처형하기도 하고. 이런 걸 지극히 당연하게 여겼지. 오늘날에는 당연히 이런 것들을 도덕적으로 인정하지 않지만 말이야. 이렇게 끊임없이 새로운 생각이 일어나고, 그에 따라서 입장과 가치체계도 새로워지기 마련이야.

파트릭   맞아. 그런데 이런 새로운 결합, 즉 문화적 리믹스는 많은 사람들에게 엄청난 불안을 안겨주는 것 같아.

닐스   물론. 새로운 현상을 사회적으로 끊임없이 통제하려는 것도 그 때문이지.

파트릭   그 모든 배후에는 인종차별과 외국인 혐오, 반다문화적 행동이 숨어 있고? 새로운 문화질서에 대한 불안은 언제나 조금씩 사회에 숨어 있기 마련이야. 문화와 그 가치의 혼합 같은 것에 대한 두려움 말이야. 그것이 본래의 정체성을 뒤흔드는 것처럼 보이기 때문이지.

닐스   그래서 고유한 문화나 가치체계를 다른 문화나 가치체계와 구분하려는 노력은 다양한 형태로 계속 반복돼. 독재나 전체주의 체제 같은 극단적 형태들도 있고. 그런 체제는 지금도 있어. 하지만 사회에서 허용하는 자유의 수준이 높을수록 그만큼 변화 가능성도 많아. 활동의 여지가 넓을수록 더 많은 하위문화가 세계의 다양한 가치를 안고 병존할 수 있으니까.

파트릭   그 말을 들으니 핵심을 찌르는 질문이 떠오르는데? 정체성을 위해서는 얼마나 많은 경계설정이 필요한 것일까 하는. 정체성은 언제나 타인과의 경계를 먹고 살잖아. 내가 이런저런 문화의 일부라는 건 내가 다른 문화를 등질 수밖에 없다는 의미지. 부분적으로는 다른 문화를 벗어던져야 한다는.

닐스    경계설정은 사실 정체성 형성에서 본질적인 문제야. 심리학자 르네 스피츠<sup>René Spitz</sup>는 어린아이들이 언제 결정적으로 '아니요'라고 표현하는지를 관찰했어. 단순한 말이 아니라 무엇보다 몸짓과 표정으로 말하는지. 이런 표현은 아이에게 개성과 정체성의 시작과 같아. 이런 식으로 '나는 달라'라거나 '내겐 당신의 생각과 다른 바람이 있어'라는 생각을 전달하니까. 또 '아니요'라는 말에는 '나는 나지 당신이 아냐. 당신은 내 방식을 존중해야 해'라는 메시지도 내포돼 있어. 그래서 기본적으로 이 '아니요'라는 말은 정체성 형성에 중요한 요소라는 거야. '당신의 욕구와 다르거나 당신이 내게 원하고 기대하는 것과는 다른 내 욕구를 당신이 인정해주었으면 좋겠어'라고 말하는 것이니까.

파트릭    그럼 어떤 면에서는 미사일방어체제 같은 거 아니야? 다른 사람의 정체성은 외부에서 날아오는 로켓 같은 거고? 상대의 정체성을 보고 로켓이 날아온 것처럼 생각해서, 당신은 이런저런 사람이지만 나는 '아니. 나는 그렇지 않고 그럴 생각도 없어'라고 말하는 거니까. 이렇게 로켓을 뻥 터트리면, 상대의 정체성을 거부하는 것 아닌가?

닐스    맞아. 정체성은 '나는 나야'라는 거고, 이 말은 '나는 당신이 아니고 당신처럼 되지도 않을 거야. 나는 내가 될 테야'라는 의미지. 정체성에는 이렇게 인정과 경계설정이 다 필요해. 이런 야누스 같은 정체성의 얼굴이 특히 청소년기에는 예쁘게 보일 수 있고.

파트릭    그리고 내 생각에 "나는 동성애자다. 나는 그게 좋아"라고 말하는 것은 문제가 안 돼. 문제는 상대의 정체성을 내가 정해주려고 하거나 나와는 다른 형태의 정체성이 있다는 것을 허용하지도, 존중하지도 않을 때 시작된다고 봐.

**닐스**  그래서 정체성을 밝힐 때 권리를 침해하는 경향이 있으면 늘 문제가 되는 거야. "다른 사람들도 나와 같으면 좋겠어. 왜냐하면 나의 생존방식이 최고니까"라고 말하는 게 그런 경우야. 한편 '그래, 네가 어떤 사람인지 알아'라는 의미로 사람들에게 성급하게 딱지를 붙이려고 해. 그럴 때 위험한 함정에 빠져버리는 거야. 이렇게 '딱지'를 붙이면 개성적인 정체성이 존재할 여지가 좁아지니까. 이렇게 딱지의 함정에 빠지는 상황이라면, 투명하고 명백한 정체성을 갖고 싶은 바람이 심각한 갈등으로 이어질 수도 있어. 이런 현상은 자신의 정체성을 드러내거나 의도적으로 빈번하게 갈등을 유발하는 사춘기에 뚜렷하게 나타나지. 그로 인해 본격적으로 다툼과 소란이 일어나고. 이런 과정을 통해 단련되는 게 청소년기라고 볼 수도 있지만 말야.

**파트릭**  그것과는 반대되는 이론도 있지?

**닐스**  에릭 에릭슨이 정체성 개념으로 큰 영향을 미친 것은 사실이지만 다른 시각도 얼마든지 있어. 그래도 심리학과 사회학에 기초한 정체성 이론은 모두 개인과 사회, 문화라는 축을 중심에 두고 돌지. 또 정체성을 연구하는 거의 모든 전문가들은 공존과 개성, 주관성, 주변 세계를 강조해. 이것들이 개인으로 하여금 조화를 이루며 정체성을 형성하게 해주니까.

파트릭　결국 '나는 누구인가?'라는 물음에 대한 분명한 답은 없는 셈이군. 그런데 왜 우리는 계속해서 이 물음을 던지는 걸까?

닐스　이 물음이 인생 자체처럼 하나의 과정이기 때문일 거야. 그것에 일시적으로 답할 수도 있지만 끊임없이 답변을 수정할 수도 있지. 아무리 그럴듯한 답변이라 해도 그걸로 '끝낼 수'는 없는 질문이니까.

파트릭　멈추어 다시 살펴보는 과정하고 비슷하네?

닐스　그렇지. 정체성을 형성한다는 건 언제나 자신의 관점을 검증하고 '나는 어느 쪽으로 가치체계의 방향을 잡을 것인가? 이 순간 나는 삶의 어떤 측면에 중심을 두고 있는가?'를 묻는다는 의미야. 이런 물음은 어느 정도는 지속적으로 수반되며 정체성 형성 과정에서 다듬고 검증하는, 후순위 프로그램을 만들어. 이런 과정은 절대 끝나면 안 돼. 이 프로그램이 더 이상 필요 없다면, 컴퓨터가 작동되지 않는 것처럼 정체성에 대한 물음이 끝난다는 의미니까.

파트릭　사실 이 물음에 제대로 답변하지 못하는 데는 여러 가지 요인이 있어. 예컨대 난 너의 머릿속을 들여다볼 수 없으니 네가 많은 말을 해도 나는 그것이 네 정체성의 진정한 일부인지 알 수 없어. 언제든 네가 거짓말을 할 수도 있으니까. 그렇지 않다고 해도 네 말을 통해 언제나 네 정체성의 단편만을 경험할 뿐이야. 어느 한 면을 경험하기는 해도 절대 전체를 알 수는 없지.
　정체성은 하나의 이미지 같은 것인지 몰라. 광고 문구 같은 거 말이야. 일종의 약속 같은 것? 사람도 마찬가지야. 나에 대해 다른 사람은 나와 전혀 다른 측면을 받아들일 수 있어. 나는 절대 인지하지 못하는 완전히 다른 시각으로 나를 인지하기 때문에.

닐스   맞아. 여러 해 함께 살고 나면 "당신이 나보다 나를 더 잘 알잖아"라고 말하는 부부도 있지. 이런 말은 인간의 정체성에 사회성이 얼마나 깊이 개입하는지를 말해줘.

파트릭   하지만 완벽한 정체성을 상대의 눈으로 볼 수 있다는 건 사실 아름다운 일이야. 상호교감이나 대화, 공동체와의 관계 속에서 흔히 눈빛만 마주치거나 미소만 주고받고도 정체성을 아는 것처럼 말이야.

닐스   그래, 그렇게도 알 수 있지.

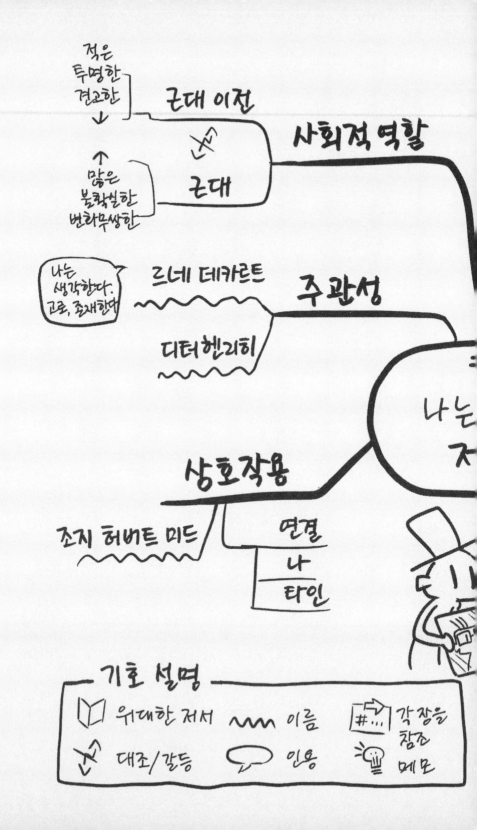

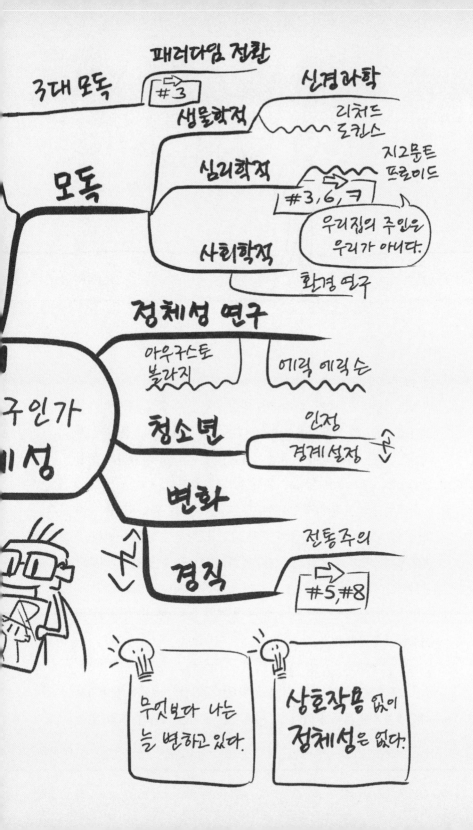

## 2장

# 누가 나를
# 규정하는가?

### 교육, 사회화, 역할, 성, 미디어

**파트릭**   이만하면 '내가 누구인가?'라는 물음은 아주 자세하게 다룬 것 같군. 고유의 정체성을 가리는 데는 효과적인 핵심질문이야. 정체성은 어떤 면에선 아주 유동적이고 사실 제대로 파악하기도 힘들어.

이제는 당연히 논리적으로 이 질문과 연결되는 후속질문을 던져 봐야 해. 나는 어떻게 지금의 내가 되었나, 정체성 형성을 위해 통과해야 할 가장 중요한 중간지점과 핵심요소는 무엇인가, 외부의 영향에는 어떤 것들이 있는가, 우리가 내면에 지니고 있는 것은 무엇인가, 이것을 스스로 손에 쥘 수 있는가 등등. 후유, 어디서부터 시작해야 좋을까?

**닐스**   개념 설명부터 하는 게 좋을 것 같다. 인간의 발달을 설명하는 이론에는 3대 계보가 있어. 그 이론적인 갈래는 사회화, 교양, 양육이라는 개념으로 구분되고. 이것은 교육학의 3대 기본개념이기도 한데, 발달과정을 분석하는 데 있어 주요 부분으로 지목되는 요소지.

**파트릭**　그 세 가지 개념이 모여서 정체성을 형성한다는 말이야? 아니면 정체성의 여러 측면을 설명해준다는 말이야?

**닐스**　인간이 사회와 문화, 공동체 속에서 어떻게 발달하는지를 전반적으로 설명해줘. 좀 더 특수한 이론들은 청소년기와 성년기에 형성되는 정체성을 분석해주고.

**파트릭**　그 이론들이 서로 밀접하게 맞물려 있어? 아니면 부분적으로 서로 모순되기도 하나?

**닐스**　서로 긴밀하게 관련되어 있지. 부분적으로는 중복되고 서로 상반된 영향을 주기도 하고. 하지만 발달과정에서 중점적인 요인이야.

**파트릭**　흥미로운걸. 그러면 우선 사회화의 개념부터 시작해볼까?

**닐스**　사회화는 포괄적인 개념인데, 개인이 공동체와 사회의 일원이 되는 과정으로 정의할 수 있지. 갓 태어난 아기는 말도 못하고 쓰거나 읽지도 못해. 학생이나 부부 또는 노동자로서의 역할도 없고. 아기는 완전히 감정과 충동에 지배당하지. 배고프거나 슬픈 감정이 들면 울고 말이야.
　사회화는 아이들과 청소년이 사회의 규칙과 기준, 가치를 터득하고 일정한 사회적 역할을 훈련하는 과정을 말해. 학생이라는 신분은 무슨 뜻인가? 길을 건널 때는 어떻세 움직이는 것이 안전힌기? 식당에서는 어떻게 식사하는 것이 품위 있나? 등등. 이렇게 아이는 자신이 속한 사회에서 행동하는 방법과 행동할 기회를 차츰 배워나가. 그리고 무엇보다 핵심적인 문화기술인 언어를 배우고, 혼자 일어서고, 먹고 잠자고 마시고 옷 입는 방법 등을 터득하지. 다양한 행동양식을 익힌다는 뜻이야. 이 모든 당연한 것들을 아이는 배워야 해. 이런 전반적인 학습과정을 사회화라고 불러.

**파트릭**  여기서 조금 까다로운 질문을 해야겠는걸. 좀 전에 개인이라는 개념을 언급했잖아? 그때 나는 아기가 생각났어. 갓 태어난 젖먹이 말이야. 아기는 수정을 통해 생겨나고 자궁, 즉 다른 인간의 몸속에서 자라나. 이 점을 먼저 인식해야 해. 또 어머니의 혈류를 통해 직접 보호를 받고. 둘은 아주 긴밀하게 결합된 관계라고 할 수 있어. 그러다 갑자기 세상 밖으로 나오는 거야. 울음을 터트리고 탯줄이 잘려나가. 하지만 신생아는 여전히 완벽하게 결합되어 있어. 어머니와 아버지는 물론이고, 이 새로운 생명을 돌봐야 하는 주변인들과도 말이야. 완전히 혼자라면 이 개인으로서의 새로운 인간은 생존할 수 없을 거야. 그러니까 강한 결속상태에서, 즉 '피보호' 상태에서 아주 강력하고 인상적인 사회화도 전개되는 게 아닐까?

**닐스**  사회화는 근본적으로 탄생 이전부터 시작돼. 예비부모가 되면서 부모에게 특별한 사회적 지위가 부여되고 임신 과정에 다양한 대응을 하기 때문이야. 이 모든 것이 탄생 이전의 결정, 가령 아이의 방은 어떻게 꾸밀까, 친척 중에서 후견인을 몇 명이나 둘까 하는 문제에 영향을 미치지.

하지만 대부분의 사회화 이론은 탄생 시점부터를 새로운 단계로 보고, 아이가 사회체제 속에 들어와 새로운 삶을 시작한다는 걸 강조하지. 삶에서 가장 중요한 첫 걸음을 떼는 게 탄생이라고 보는 거야. 태어나는 순간 모든 사람들이 아기를 한 개인으로 보게 되니까 말이지.

**파트릭** 여기서 개인이란 개념에 대해 더 자세히 알아봐도 재미있겠는걸. 개인이라는 개념은 어떻게 만들어졌지?

**닐스** 개인<sup>Individuum</sup>이라는 말은 '나눌 수 없는 단위', '개별적인 사물'이라는 의미의 라틴어에서 온 거야. 그러므로 개인은 더 이상 나눌 수 없는 존재를 뜻하지. 물론 사회학적으로는 이 정의에 의문을 제기할 수 있어. 세상에 태어난 아이는 생물학적, 정신적인 영역 등, 아주 다양한 기능영역이 합쳐진 존재니까. 하지만 사회학에서도 일반적으로 개인을 더 분할할 수 없는 단위로 묘사하는 관점이 많아.

**파트릭** 사실 흥미로운 점은 내가 관계로 가득한 세계로 내던져졌다는 거야. 당당한 개인으로서 나는 끊임없이 관계 속에 존재하기 때문에 다른 생명체와 결코 완전히 분리되지는 않는다는 말이지. 이렇게 서로 종속되는 것을 학술적으로는 상호의존이라고 해.

하지만 작은 개인으로서 다른 생명체들과 그토록 단단하게 결합돼 있어도, 나는 그들의 속을 들여다보며 그들이 무슨 생각을 하고 어떤 느낌을 갖는지 알 수 없어. 정말 안타깝지 않아? 결국 개인으로서 나는 관계를 맺고 있는 다른 개인이나 생명체들과 결합돼 있는 동시에 분리돼 있다는 느낌을 받을 수밖에 없지. 이거야말로 대단한 모순 아닌가 말야.

닐스　관계를 받아들이고 형성할 때 사용하는 가장 중요한 수단이 언어야. 타인의 감정세계를 직접 들여다볼 수 없으니 서로를 연결해주는 다리 같은 상징체계가 필요하지. 인간은 언어습득을 통해 한 문화 속으로 진입하고 타인과 다양한 관계를 맺어. 이 과정을 통해 사회적 존재가 되고, 고유하고 분명한 정체성을 발전시킬 수 있다고.

　이런 사회화 과정에는 단순히 인간과의 관계만 관여하는 게 아니야. 아이가 자라는 환경, 사는 동네, 놀이터와 자동차, 집 등 모든 것이 그 과정에 영향을 미치지. 놀이터는 친절하게 유혹하는 느낌을, 회색 건물들은 쓸쓸한 느낌을, 빨간 소방차는 흥분과 긴장을 불러일으키는 식으로. 사이렌을 울리며 달리는 소방차는 위협적인 느낌과 불안감을 불러일으키고 말이야.

파트릭　엄밀히 말하면 지금 내 삶의 환경을 형성하는 것은 과거의 문화적 현실이야. 도시의 건축물이나 내 앞의 세대들, 책 속의 온갖 지식과 인식, 각 시대의 사건, 언어, 음식, 교류방식, 입법 같은 것들 말이야. 그런데 이 모든 '문화 프로그램들'이 우리의 사회화에 영향을 미치는 것일까?

닐스　그렇지. 우리는 다양한 구조 안에서 성장하면서 다양한 내용을 접하게 돼. 이런 구조와 내용은 우리가 태어난 세계의 문명사를 이루는 것이고. 이런 상황을 마르틴 하이데거Martin Heidegger나 카를 야스퍼스<sup>Karl Jaspers</sup> 같은 실존철학자는 '내팽개쳐진 존재'라는 멋진 말로 표현했지. 이 세상에서 어떤 지역, 어떤 집안에 태어나는가는 우리가 결정하는 사안이 아니잖아. 인간은 이 세계에 내팽개쳐진 존재이고 우리는 개인으로서 이 세계와 대립할 수밖에 없어.

**파트릭** 여기서 아주 중요한 문제가 있는데, 개인에게 이 '세계'는 존재하지 않는다는 거야. 모든 개인은 자신의 세계에 살면서 동시에 타인의 세계에서 그 세계와 더불어 살지. 어떤 의미에서 나는 너의 세계에 살고, 너는 나의 세계에서 사는 거야. 꽤 흥미로운 부분 아냐? 이 세계를 절대 전체로 파악할 수 없는데도, 우리는 흔히 자신의 세계, 자기 삶의 현실을 하나의 세계로 생각하지. 이렇게 자신의 세계에서 전체 세계에 대해 결론을 내리는데, 이것은 실제로 가능하지 않은 일이야.

어느 집이든 가정은 그 자체로 하나의 작은 세계야. 그리고 그 위의 세계도 존재하지. 이웃이나 마을 공동체, 연맹, 학교, 기업, 교우 관계 같은 것들 말이야. 각각의 세계는 같은 나라에 있어도 조금씩 달라. 그 많은 도시와 마을, 연방주를 보면 모두가 조금씩 다르다는 걸 느낄 수 있다고. 말씨도 그렇고 풍습이나 의식, 전통, 사고방식, 태도, 가치관도 조금씩 다른데, 가령 모든 사람들이 일요일마다 교회엘 가는 건 아니야. 누구나 퇴근 후에 클럽으로 몰려들지도 않고.

이렇게 사람들이 가치를 두는 것에도 여러 가지가 있어. 이때 내가 내팽개쳐진 곳은 그 어떤 세계가 아니라 한 단면, 특정한 삶의 현실일 뿐이야. 이론적으로는 내가 전체 세계와 가능한 모든 삶의 현실에 다가갈 수 있지. 내가 접근하는 한은 말이야. 이 점을 주목해야 한다고 생각해.

**닐스**　사회화 연구에서 기본적인 물음은 언제나 이거였어. '인간은 자기 환경의 창조자인가 아니면 환경의 산물인가?' 내가 주체로서 환경을 규정하는가, 아니면 내 생각과 느낌이 전적으로 외부의 영향을 받는가 하는 거지.

　관련연구에서는 이 물음을 천성과 교육 문제로 압축하지. 그리고 심리학과 사회학 이론들은 이 물음에 다양한 답을 내놓고 있는데, 크게 네 줄기로 나눌 수 있어. 내인성內因性 이론들은 오로지 개인의 천성에만 집중해. 즉 인간은 유전자 속에 있는 프로그램대로 발전한다고 보는 거야. 이 이론이 맞는다면, 우리든 부모든 친구든 달리 바뀔 수가 없지. 반대로 외인성外因性 이론에서는 인간이 완전히 환경의 영향을 받는다고 봐. 인간은 빈 그릇 같은 상태에서 사회화를 통해 채워지고 이 '채우는 과정'에 어떤 영향력도 행사하지 못한다는 말이야.

　세 번째로 자가형성론에서는 자기 환경에 대한 주체의 힘을 강조해. 인간은 누구나 자신의 행복을 창조하는 대장장이로서 주변 환경을 능수능란하게 다룬다는 거야. 가장 최근의 네 번째 이론들은 상호작용 개념을 통해 여러 요인의 조화를 강조해. 인간은 이 요인들의 특징과 영향에서 벗어나서는 절대 발달할 수 없고, 환경을 함께 가꾸면서 자유로운 결정도 내릴 수 있다는 거지.


**파트릭**　구성주의에 대해서는 나중에 이야기하기로 하고, 어쨌든 구성주의의 지지자로서 이런 질문을 던져보고 싶어. 인간은 자기 환경의 창조자인가 아니면 환경의 산물인가 하는 문제에서, 인간은 언제나 양자택일일 수밖에 없나? 혼합형태도 가능할 수 있는데, 이를테면 양자병행 말이야.

**닐스**　현대의 사회화 이론도 요즘엔 전부 이 상호작용에서 비롯되는 양자병행을 이야기해. 아기는 출생하는 순간부터 가정에 대대적인 변화를 몰고 오지. 부모는 일상적인 행동습관으로 새로운 환경에 적응하고. 그래서 이때까지 이어지던 전체적인 생활 흐름은 급격하게 변하기 시작해.

　이렇게 아기들은 태어날 때부터 존재 자체만으로도 기존의 가정에 커다란 영향을 미치지. 물론 주위의 가족도 마찬가지로 아기에게 영향을 미치고. 여기서 이미 주체와 환경, 영향을 주는 쪽과 받는 쪽 사이의 지속적인 교류를 확인할 수 있어.

**파트릭**　앞 장에서 얘기한 '아니요'라는 신비로운 핵심개념이 다시 떠오르는 걸? 불가피해보이는 구속 상태에서 벗어나기 위해 '아니요'라고 말하는 능력 말이야. 그것은 의식적으로 기준을 파괴하는 거야. 더 이상 대안이 없는 기준의 일부이기를 단호하게 거부하는 거지. 과거의 단순한 특성화나 교육 프로그램에 나를 맡기는 대신, '아니요'라는 개념을 통해 처음으로 운명에 맞서고 뭔가 새로운 것을 위한 자리를 만들어내는 행위라고 볼 수 있어. "아니, 더 이상 이렇게 있고 싶지 않아. 이제 나는 다른 길을 개척할 거야"라고 말하는 거지. 흥미롭게도 이 길은 자녀나 손자 같은 다음 세대를 위해 새로운 사회화 환경을 만들어줘. 이렇게 지금까지의 기준에 '아니요'라고 말하는 순간, 양자병행이 아주 놀랍게 이루어지지.

**닐스**　거기에 덴마크의 유명한 교육자 예스퍼 율Jesper Juul의 짤막한 한마디를 덧붙여야 할 것 같아. 율은 아이들이 '아니요'라고 말하는 것이 자신에 대해 '네'라고 말하는 것과 같다고 했어. 자신의 것을 세상에 내놓으면서 누군가에게 대항할 수 있다는 의미라는 거지. 그런 의미에서 부모는 자녀들이 '아니요'라고 말할 때 화를 내면 안 돼. 아이들이 부모에게 '아니요'라고 말한 것이라기보다 자신을 향해 '네'라고 한 것이니까 말이야.

파트릭　물론 살다 보면 상황에 따라 아이들이나 사춘기 청소년도 단순히 부정을 위한 부정으로 '아니요'라고 말할 때가 있어. '예술을 위한 예술'처럼 실제로 해당 사안을 이성적으로 충분히 생각해보지도 않고 반대하는 것이지.

닐스　물론 그럴 때도 있지. 이 '자신에 대한 긍정'이 여러 반항적인 상황에서는 다른 모든 것에 대한 부정일 때도 있으니까. 우리 같은 성인의 경우에도 그런 일은 드물지 않아. 아무튼 자신에게 '네'라고 말하고 뭔가 다른 대상을 향해 '아니요'라고 말할 수 있는 능력은 커다란 도약이야.

파트릭　좋아, 그럼 정리해볼까. 사회화는 구조적으로 영원히 내게 영향을 미치는 세계 속으로 들어가는 것이야. 나는 그 세계 속에 내팽개쳐진 존재지만 '아니요'라고 말할 힘도 갖고 있어. 그런데 이런 문제들은 양육과 어떤 관계가 있을까?

닐스　많은 부분에서 중복되지. 사회화는 외부에서 개인에게 미치는 영향과 기대의 합을 나타낸다고 볼 수 있어. 그에 비해 양육은 아이들에게 완전히 의도적이고 목표지향적인 영향력을 행사하는 것이야. 다시 말해 부모의 가정교육은 의식적으로 일정한 가치와 기준을 자녀에게 물려주고 목표에 맞게 영향력을 행사하는 거지. 이런 의도가 모든 사회적 모습을 설명해주는 사회화와 대조되는 양육의 본질이야.

파트릭　보육시설에서 돌아온 자녀가 저녁식사 자리에서 갑자기 멋지게 말한답시고 "그 멍청한 ×××"라는 말을 내뱉는다고 쳐. 그러면 부모는 속으로 '아니, 이건 뭐야. 얘가 도대체 어디서 이런 말을 배웠지? 설마 우리에게 들은 건 아니겠지? 아무튼 제 부모에게 배웠다고 생각하는 사람이 없어야 할 텐데'라고 생각할 거야. 이 경우 또래 아이들이나 텔레비전을 보고 행동방식이나 말씨를 따라하는 것을 사회화라고 할 수 있지. 이때 부모가 개입하거나 어떤 반응을 보이거나 문제로 삼는 것이 양육이고. 그러니까 양육은 의식적인 통제적 사회화의 시도 같은 것이 아닐까?

닐스　완벽한 예인걸. 쉽게 말하면 양육은 의도적이고 통제적인 사회화라고 할 수 있겠어. 사회화를 위한 시도 말이야. 이 시도의 적절성 여부는 다른 문제지만.

파트릭　어느 정도는 조종하는 방향으로 나가는 거지.

닐스　그건 확실해. 양육은 조종의 측면이 아주 강해. 하지만 그건 전적으로 어떻게 양육하는가에 달린 문제야. 조종하는 방식이든, 정직하고 신뢰받을 만한 것이든, 전략적인 것이든, 양육방식에 대한 연구를 보면 따스하고 투명하고 성실하게 대하는 것이 자녀의 발달에 가장 효과적이라고 강조하고 있지.

**파트릭**　좋아, 그러면 다시 사회화로 돌아가볼까? 사회화에도 엄청 다양한 요인들이 있잖아. 흔히 통용되는 이론에는 뭐가 있지?

**닐스**　사회화 연구는 전통적으로 크게 세 갈래로 나눠져. 우선 정신 분석에서 발전한 심층심리학적인 이론이 있지. 여기서는 인간이 유아기에 어떤 무의식적인 각인을 경험하는지, 이 과정에서 어떤 힘이 아이의 정신에 영향을 미치는지를 연구해.
　두 번째 연구방향은 학습이론이란 것이야. 사회적 관계 속에서 아이들이 어떻게 일정한 규칙과 기준, 가치를 배우는지에 관심을 두지.
　세 번째 이론에서는 인지심리학을 활용해. 구조발생론적인 발달심리학에 토대를 두면서 아이들의 사고와 가치평가, 세계관이 형성되는 방식을 연구하는데, 한 예로 많은 아이들이 처음에는 모든 동물을 '멍멍이'라고 부르다가 차츰 일정하게 분류를 해가면서 더 자세히 구분하는 법을 배우는 과정을 관찰해. 사회화 과정을 설명하는 고전적인 이론은 아마 이것일거야.

**파트릭**　그런데 이 세 가지가 부분적으로 중복돼서 서로 조금씩 구분하려는 시도도 있어. 나의 본능적인 느낌으로는, 인지심리학은 심층심리학과 학습이론을 결합한 것처럼 보여.

**닐스**　그렇게도 볼 수 있지. 최근의 연구방향을 볼 때 인지심리학은 최대한 통합의 길로 나가고 있으니까. 인지심리학이 이 분야에서는 최신 이론인 것 같아.

**파트릭**  이제 더 세부적으로 들어가야 할 것 같은데. 일단 '무의식'이라는 핵심어부터 시작해볼까? 무의식이란 도대체 뭘까?

**닐스**  현대 정신분석학의 창시자이자 20세기 최고의 심리학자인 지그문트 프로이트는 인간의 정신이 세 영역으로 이루어져 있다고 했어. 이것을 정신의 단계라고 부르기도 하는데, 우선 프로이트가 공손하게 '이드'라고 부른 것이 있지. 이드는 인간의 무의식적 충동을 나타내. 자신도 모르는 소망과 욕구, 탐욕과 마음 깊은 곳의 불안 같은 것들 말이야. 진화단계부터 지금까지 우리를 따라다니는 본능 같은 거지. 인류의 조상이 지녔던 모든 본능적 충동은 지금도 인간 내면에 깊이 살아 있고, 우리는 이 충동을 의식적으로 통제할 수 없대.

**파트릭**  하지만 인도의 요가수행자들을 보면, 실제로 배고픔이나 갈증 같은 충동에 통제력을 발휘하는 것 같아. 절대적인 정신훈련의 형태로서 말이지.

**닐스**  맞아. 하지만 그 정도 단계에 이르려면 수행을 엄청 많이 해야 돼. 정신력도 강해야 하고.

**파트릭**  나는 언제나 이드가 자동조종장치로 날아가는 비행기 같다는 생각이 들어. 완전히 의식적으로 우리가 조종간을 넘겨받을 때도 많은 것 같고.

**닐스**  맞아. 진화단계에서 주어져 표면 아래서 계속 작동하는 자동조종장치. 아마 이렇게 말하는 사람들도 있을 거야. "그래, 그거 좋겠는걸. 그러면 인간도 다른 동물처럼 단순하게 진화의 일부라는 걸 알 테니까!" 하지만 프로이트는 인간에게 충동만 있는 게 아니라 스스로 규칙을 정하고 문화와 문명을 이룰 가능성도 있다는 점을 강조했어.

파트릭  다시 간단하게 말하면 충동은 어떻게 유형화할 수 있을까?

닐스  충동은 무의식의 일부이고 이드에서 드러나. 프로이트가 이드를 언급한 이유는 이것이 비인격적인 것이기 때문이야. 이드는 말하는 내가 아니고 내게 말을 거는 자네도 아니야. 개성 이전의 비인격적인 단계에 있는 거지. 이드는 인간 내면에서 끊임없이 흐르는 자연스럽고 원초적인 프로그램 같은 거야.

파트릭  거의 신성한 분위기마저 드는데?

닐스  맞아. 프로이트라면 그렇게 볼지도 모르지. 이드는 수백만 년 동안 진화를 거듭하면서 믿을 수 없을 만큼 강력해진 힘이니까. 이 힘의 영향으로 인간은 계속 존재할 수 있는 거고. 인간 내면에서 강력하게 작용하기 때문에 인간은 절대 이 힘에서 벗어나지 못해. 우리의 충동은 우리를 앞서가는 이 세계의 일부지. 우리가 무대에 오르기도 전에 이미 그곳에 존재해.

　　하지만 프로이트는 도덕 규칙을 정하는 능력에 인간의 다른 측면이 있다는 말도 했어. 충동의 지배를 받는 대신 일정한 법을 만들어내고, 우리를 지배하고 단련시키는 문화를 창조할 수도 있다고 말이야. 이런 능력 덕분에 모든 문화와 사회에는 일정한 규칙과 가치와 기준이 있지. 그리고 이 계율들은 사회화를 통해 인간의 정신기구psychic apparatus 중 일부가 돼. 전체적으로 이 계율을 프로이트는 '초자아'라고 표현했지. 우리가 유년기에 배우는 모든 사회적 규칙은 바로 이 정신 단계에 저장되고.

**파트릭** 이 대목에서 왜 아담과 이브가 생각나는 걸까?

**닐스** 선악과나 에덴동산에 대한 생각과 함께?

**파트릭** 에덴동산은 근본적으로 아무것도 의심할 것이 없는 상태라고 할 수 있지. 남자와 여자가 벌거벗고 있지만 벗은 것은 아무런 문제가 안 돼. 먹고 마실 것이 있고 평화와 기쁨이 넘쳐. 부러울 것이라곤 없지. 정말로 순수하고 깨끗한, 무엇보다도 평가받지 않는 이드가 존재해.

**닐스** 그렇게 볼 수도 있지.

**파트릭** 그리고 그 우스꽝스러운 선악과 말이야, 성서에는 묘하게도 '사과'라는 말이 없는데, 우리는 오늘날 흔히 그 열매를 사과라고 생각해. 어쨌든 아담과 이브가 그 금단의 열매를 맛보는 순간, 무의식 혹은 무의식의 일부를 알게 되고. 자아는 인식을 얻고 의식이 생겨서 의심할 것이라고는 전혀 없는 에덴동산에서 날아오는 거야. 계몽주의의 길고 고달픈 작업은 아담과 이브와 더불어 시작된 건지도 몰라.

닐스  그래, 맞는 말이야. 역사적으로 아담과 이브가 선악을 구분했다는 말도 있으니까. 이후 자연으로부터 역사적인 도약을 하면서 도덕과 가치, 이것과 결부된 윤리 문제가 생겨났지. 철학자 프리드리히 빌헬름 요제프 셸링Friedrich Wilhelm Joseph Schelling은 인간의 내면에서 본성이 눈을 뜬다고 말했어. 이 말은 자의식을 형성하는 능력을 통해 본성이 자신과 자신의 특징을 본다는 뜻이야. 하지만 이와 동시에 인간으로서 갖는 문제도 시작되지. 우리는 무엇을 해야 하나? 무엇이 옳고 무엇이 그른 것인가? 우리는 어디서 왔고 왜 여기에 있는가? 등등. 그리고 이런 생각과 더불어 곧장 존재의 세 단계 중 마지막인 '자아'에 이르는 거야.

자아는 우리가 말하고 생각하고 의도적으로, 즉 구체적인 의향을 갖고 행동할 때 사용하는 의식을 나타내. 그리고 자아에게는 나머지 두 적대적 존재를 중재해야 하는 과제가 있어. 다시 말해 이드의 소망과 욕구, 초자아 속에 저장된 사회의 규칙과 금지를 중재할 과제가 있다는 말이야. 자아는 두 존재방식을 조화시키고 중간에서 균형을 잡으려고 하니까. 이런 의미에서 인간은 끊임없이 충동과 사회적 기준을 중재해야 하는 외교관 같은 존재야.

파트릭  그런데 이 규칙이라는 것도 언제나 충동에 따라 움직이는 사람들이 만든 거잖아. 얼마나 많은 충동의 지분이 지금도 이 규칙에 숨어 있는지는 아무도 몰라. 따라서 각각의 이해관계에 따른 물음들이 얼마든지 나올 수 있지. 도대체 누가 규칙을 정하는가? 이 규칙은 어떤 이해관계에서 만들어졌나? 등등. 하지만 정말 그렇게 분류할 수 있는지도 흥미로운 문제야. 배후에 충동이 숨어 있는데 일정한 대상을 합리적으로 분류할 수 있느냐는 거지.

닐스　맞아, 그런 의문이 종종 들곤 해. 아마 프로이트도 즉시 인정하고 인간은 무의식적 충동에 이끌리면서도 의식적으로 행동하는 것처럼 믿을 때가 있다고 말할 거야. 이것을 프로이트는 합리화라고 불렀지. 예를 들어 치과 치료 시간을 계속 미루면서 늘 다른 일이 생겨서 그렇다고 핑계를 대. 사실은 치과 치료가 겁나서 그런 건데 말이야.

파트릭　프로이트는 충동에 어떤 입장이었지? 충동은 나쁜 건가 아니면 좋은 건가? 우리는 어떻게 받아들여야 할까?

닐스　프로이트는 충동은 충동일 뿐 좋지도 나쁘지도 않다고 했어. 자연의 힘처럼 우리의 평가를 넘어선 것이라고 말이야. 하지만 환자들을 치료할 때는 무의식적인 동기와 소망을 의식화하는 데 중점을 두었지. 어떤 욕구가 실제로 나의 행위를 규정하는지 내가 안다면, 더 성찰하는 태도로 자신이나 타인들을 대할 테니까. 내 느낌과 생각도 더 잘 이해할 테고. 이에 대해서 프로이트는 '자아는 이드에서 나오기 마련이다'라는 유명한 말을 남겼어.

파트릭　그러면 의식의 명백한 장점은 뭐지? 어쨌든 진화는 계속되기 마련인데 말이야. 충동이 있는 곳에 본성이 있지. 충동은 끝없이 앞으로 나가려는 속성이 있고. 우리가 '아, 충동을 조금은 손아귀에 넣고 통제해야 해'라고 말할 때 이 말의 결정적 의미는 무엇일까?

닐스　한계가 있다 해도 우리 스스로 자신의 발전에 더 많은 영향력을 행사할 수 있다는 의미야. 우리가 더 이상 충동적 흐름의 일부가 아니라 문명과 문화를 통해 직접 세계를 창조할 수 있다는 뜻이지.

파트릭　자신의 행위에 책임을 진다는 말이군.

닐스　그렇지. 책임은 의식과 더불어 역할이 주어지는 거야. 이런 점에서 인간은 행동에 책임을 지지 않는 동물과 달라. 또 프로이트는 '무의식적인 부분을 더 잘 알수록 인류 전체가 이성적이고 생산적으로 발전할 기회가 더 많아진다'라고도 했어.

파트릭　좋아, 심층심리학적인 측면은 어느 정도 살펴본 것 같아. 그럼 이제 정체성의 두 번째 측면을 얘기해볼까? 학습론이란 것 말이야.

닐스　학습론적인 사회화 이론에서는 인간의 개성 발달을 전혀 다른 관점에서 봐. 이 이론은 충동과 의식에 대한 물음을 일단 제쳐두고 인간의 구체적인 행동만을 관찰하지.
　현대 학습론의 창시자 중에 개 실험으로 유명한 러시아의 의사 이반 페트로비치 파블로프 알지? 파블로프는 우선 먹이를 줄 때 개가 침을 흘리는 것을 관찰했어. 그러고는 먹이를 줄 때마다 미리 종을 울렸지. 이윽고 주목할 만한 장면을 발견하게 되는데, 얼마 지나고부터는 먹이를 주지 않고 종만 울려도 개가 침을 흘리는 거야. 이로써 파블로프는 중립적인 자극(종)이 특별한 반응(침 흘림)과 결합될 수 있음을 보여주었어.
　과학사에 '파블로프의 개'라고 기록된 이 특이한 실험은 사실 심리학에 엄청난 혁명적 변화를 몰고 왔지. 고등동물의 경우 자극과 반응을 다양한 방식으로 결합해 적용할 수 있다는 것이 분명해졌기 때문이야. 여기서 발견된 조건부여 개념과 더불어 근대적인 학습론이 탄생했지.

다방면의 행동연구가들은 학습론의 법칙을 연구하기 시작했어. 그리고 자극-반응의 결합방식뿐만 아니라, 보상과 처벌에 의해서도 행동방식이 강화되거나 진정된다는 것을 발견했지.

이 이론의 정점에 있는 게 행동주의야. 행동주의에서는 개인이 경험한 학습의 총합이 그의 개성이라고 주장하지. 점토 덩어리가 도자기가 되듯, 인간은 백지상태로 태어나 차츰 일정한 행동방식을 익힌다는 거야.

**파트릭** 그런데 '침을 흘린다'라는 전문 용어는 '구제하다'라는 의미야. 정말 멋진 말이지.

**닐스** 그 경우에 침을 튀긴다고는 안 하지.

**파트릭** 파블로프에 대한 재미난 일화가 떠오르는데? 철학자이자 물리학자인 하인츠 폰 포에스터 Heinz von Foerster 는 한 인터뷰에서 이렇게 말했어. "폴란드의 어느 실험심리학자가 한 말인데요. 파블로프는 모든 것을 꼼꼼하게 기록했기 때문에 노벨상을 수상한 그 실험을 그대로 재현할 수 있다고 했답니다. 이쪽에 큰 창문이, 저쪽에 작은 창문이 있는 방에 개가 있고, 조수가 고기를 갖고 들어와 종을 울리면 그 모든 과정을 똑같이 반복할 수 있다고요. 그러고 나서 결정적인 실험에 들어갔습니다. 이번에는 조수가 들어와 종만 울려야 하는 겁니다. 그런데 실험주관자인 코노르스키가 조수한테 아무 말

없이 종의 추를 빼버린 거예요. 그래서 종소리가 안 난 거죠. 그런데도 개가 침을 흘렸습니다! 코노르스키는 말했어요. '종소리는 개가 아니라 파블로프에게 주는 자극이었어!' 하지만 유감스럽게도 코노르스키는 이것으로 노벨상을 수상하지는 못했어요."

**하인츠 폰 포에스터**

1911 - 2002
구성주의 철학자, 물리학자
"진실은 거짓말쟁이의 발명품이다"

**닐스**   조건부여가 인간의 성장에 중요한 요소이기는 해. 물론 행동주의가 그것만 내세운 것은 아니지만.

**파트릭**   역사적인 맥락에서 보면 이런 시각은 매우 위험해. 19세기에서 20세기로 넘어오는 과도기에 태동되었던 행동주의는 파시즘 속에 나타난 극단적인 형태가 완성되는 데 일조하고 있어. 가령 '우리는 초인을 조금 더 개조할 수 있다'라는 구호처럼. '나에게 인간을 내어주면, 나는 그 인간을 내가 원하는 대로 만들 것이다'라는 유명한 문장처럼 말이지.

**닐스**   맞는 말이야. 조건부여의 옹호자인 존 B. 왓슨<sup>John B. Watson</sup>도

언젠가 이렇게 말했지. "나에게 열두 명의 건강하게 잘 자란 아이들과 이들을 키울 나만의 독특한 세계를 제공한다면, 장담하는데 그중 한 아이를 골라 내가 원하는 전문가로 키울 수 있다. 의사든, 법관이나 예술가, 상인이든 심지어 거지나 강도든, 아이의 재능과 성향, 기질, 능력, 조상의 혈통과 상관없이 원하는 대로 키울 수 있다"라고 말이야.

**파트릭**   고전적인 조건부여는 이른바 학습론의 첫 번째 주장에 불과해. 이때 거기서 인간 전체의 학습을 결론 내리지 않도록 조금 조심할 필요가 있어. 이때의 형태에는 아주 분명한 한계와 문제가 있으니까. 어떤 학습론이 또 있지?

**닐스**   이후 학습론은 발달심리학이 발견한 것들을 통해 확대되었어. '인지혁명'이 일어난 거지. 인지혁명은 사회화 이론의 세 번째 영역으로 넘어가는 과정을 가리키기도 해. 심리학자와 사회학자들은 이제 우리의 세계관을 규정하는 인지형태나 판단형태, 가공형태, 즉 어느 정도는 외부의 자극과 행동반응 사이에 있는 사고구조로 더 큰 관심을 쏟았어.
　이때 기준을 제공한 사람이 스위스의 발달심리학자인 장 피아제Jean Piaget야. 피아제는 아이들에게서 일정한 사고의 도식이 단계적으로 발달한다는 것을 알아냈지. 젖먹이는 사물을 보고 냄새 맡고 만지는 등의 감각운동으로 세계를 파악해. 이후 사고가 발달하면서, 구체적인 사물에서 멀어져 가설적인 사고를 시작하지. 직접 보지 않고도 머릿속으로 뭔가를 상상하게 되는 거야. 예를 들어 일정한 나이가 되면 엄마가 곁에 없어도 머릿속으로 엄마를 상상하고 생생하게 그려낼 수 있잖아? 마찬가지로 직접 해보거나 확인하지 않아도 탁자에서 물병을 떨어트리면 무슨 일이 일어날지를 알지. 어떻게 될지 아는 것은 상상할 수 있게 되었기 때문이야.

그러므로 피아제는 네가 관심을 보이는 구성주의의 선구자라고 할 수 있어. 그는 우리의 세계가 객관적인 현실이 아니라 우리가 사고의 도움으로 내면에 세운 구조물과 같다고 했어. 우리는 이 구조물을 통해 외부 세계를 바라보고 말이야. 결국 인간은 정신 속에 새롭게 세계를 건설한다는 거지. 그는 또 우리가 바라보는 세계는 가공하지 않고 그대로 둘 때 훨씬 다채롭고 풍요롭다고 강조했어. 우리가 사고를 통해 어느 정도 세계와 결합된 상태에서 세계를 풍요롭게 만들기 때문이라는 거야.

그래서 발달심리학적인 사회화 이론은 끊임없이 이런 질문을 던져. '인간은 본래 세계를 어떻게 평가하는가? 인간은 세계를 어떻게 생각하는가? 인간은 세계에 대해 어떤 판단을 내리는가?' 이런 질문들은 우리 행동에 지대한 영향을 미치지. 내가 뭔가를 위협으로 판단하면 싸우거나 도피를 할 테지만, 신뢰할 만하다거나 흥미롭다고 생각하면 당연히 다르게 행동할 것 아니겠어?

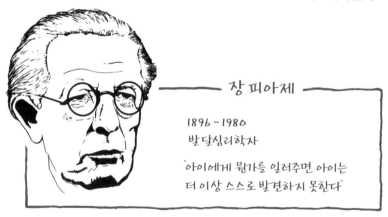

장 피아제

1896 - 1980
발달심리학자

"아이에게 뭔가를 일러주면 아이는
더 이상 스스로 발견하지 못한다"

**파트릭** 그 점에서 인간이 사고실험을 하고 시나리오를 시뮬레이션할 수 있다는 점을 얘기해보는 것도 중요해. 예술은 이런 능력으로 가득 차 있어. 예를 들어 드라마는 대개 문제와 갈등으로 점철된 인간관계의 시뮬레이션이야. 드라마는 단순한 오락의 도구가 아니라, 사람들에게 입장을 바꿔 어떤 상황 속으로 들어가 보호받는 공간에서 각각의 상황을 겪도록 도와주는 거지. 나는 진화나 교양과 관련해서 이 역할이 아주 중요하다고 생각해. 이런 시뮬레이션 능력이 없으면 인간은 아마 결코 일정한 형태로 계속 발전할 수 없을 거야. 어리석은 실수를 똑같이 되풀이하면서 영원히 제자리걸음만 하겠지.

**닐스** 맞아.

**파트릭** 내가 개인적으로 좋아하는 학자가 있어. 앨버트 반두라<sup>Albert</sup> <sup>Bandura</sup>라는 사람인데 사회학습이론으로 유명한 심리학자야. 혹시 그 사람 이야기도 해줄 수 있나?

**닐스** 반두라는 모델학습과 관찰학습을 강조하는 학습론의 대표적 이론가야. 그는 특히 폭력적 행동의 발생을 집중 연구했어. 그 결과 아이들이 역할모델에 관심을 집중하고 그 모델을 모방한다는 점을 발견했지. 아주 흥미로운 실험을 했는데, 성인 여성이 남자아이 앞에서 인형을 때리고 모욕하는 모습을 보여주었어. 그러고는 아이에게 인형을 만질 기회를 주었더니 아이도 인형을 학대하기 시작했어. 자신이 관찰한 행동을 그대로 따라 한 거지.

**파트릭** 하지만 여기서 중요하게 언급해야 할 점이 있어. 모든 역할 모델이 똑같은 정도로 영향을 미치지는 않는다는 점이야. 아이 스스로 역할모델을 선택하기도 하고, 다른 모델보다 유독 영향력이 더 큰 모델도 있어. 안 그래?

**닐스** 반두라는 후속연구에서 어린이와 청소년은 특히 높게 평가하고 감탄하는 인물의 행동을 모방한다는 것을 확인했어. 예를 들어 팝스타가 청소년에게 행동의 본보기가 되는 것은 당연히 미디어의 이용 과정에서 나타나는 현상이야.

**파트릭** 이제 심리학적인 사회화 연구의 3대 계보는 대강 짚어본 것 같아. 이것과 관련해서 혹시 중요한데 빠트린 것은 없어?

**닐스** 사회학에 가까운 사회화 이론은 심리학적인 기본모델을 받아들이고 사회학과 철학의 이론과 접목하려고 했어. 이쪽 방향의 대표적인 연구자 위르겐 하버마스Jürgen Habermas는 프로이트의 정신분석과 장 피아제의 발달모델에 관심을 기울이고, 사회학과 철학의 개념들을 갖고 포괄적인 사회화 이론을 개발했지.

하버마스는 인간이 다양한 사회형태 속에서 자신의 정체성 발달을 위해 어떤 자유공간을 갖고 있는지를 연구했어. 그는 현대인에게 '자아 정체성Ich-Identität'을 발전시킬 가능성이 있다는 것을 강조했지. 사회에 의해 덧씌워지지 않은 직업과 삶의 형태를 선택해서 자기 뜻대로 인생을 설계할 가능성 말이야. 빵장수의 아들도 무조건 아버지의 직업을 물려받지 않고 여러 가능성 중에서 선택할 수 있다는 거야. 이 말은 누구도 아들의 결정권을 빼앗지 않기 때문에 아들 스스로가 선택해야 한다는 의미이기도 해.

위르겐 하버마스

1929
철학자, 사회학자,
현대의 '프랑크푸르트학파' 대표 이론가
"담론은 굴림하지 않는다"

**파트릭**   사회화 영역에서 영향을 미치는 몇 가지 요인과 변수가 있는데, 일단 성性 하나만 예를 들어볼까? 네가 3대 계보로 이 문제를 살펴봐.

**닐스**   알았어. 먼저 정신분석에서는 성정체성 발달을 어떻게 설명할까? 프로이트는 아이들이 4~5세가 되면 그 전설적인 '오이디푸스 콤플렉스'를 갖는다는 이론을 세웠어. 이 나이의 아이들은 남녀의 차이를 알게 되고, 자신의 성적 특성을 아버지와 어머니의 관계 속으로 끌고 들어간다는 거야. 여기서 아들은 어머니를, 딸은 아버지를 갈망한다는 그 유명한 드라마가 생겨나지. 하지만 이런 상황은 성적으로 실현될 수 없기 때문에 금기영역으로 남아. 할 수 없이 아들은 우회적으로 자신을 아버지와, 딸은 어머니와 자신을 동일시해. 사회적인 남녀 역할도 이런 동일시 과정과 더불어 받아들이고. 재미있지?

파트릭  응, 그런데 내 느낌에는 세 갈래가 늘 공동으로 작용하는 것 같아. 물론 강도는 다르겠지만 갈래마다 부분적으로는 같은 기여를 한다는 말이지. 다시 조건부여로 돌아가는 교육의 측면도 있다는 거야. 그러니까 아이는 특정 성적 행위에 따라 처벌을 받거나 보상을 받는다는 말이야.

닐스  그래, 이 과정은 두 번째 갈래인 학습론으로도 설명할 수 있지. 아이들은 남녀가 행동하는 모습을 보고 그 행동방식을 모방해. 보상과 처벌은 각각의 행동을 강화시켜주고.

파트릭  아이들이 어렸을 때 부모나 주변 사람들의 눈앞에서 전형적인 성 역할을 하면 "인형을 가지고 잘 노네"라는 긍정적인 피드백을 통해 보상을 받아. 반면에 전형적이지 않은 행동을 보이면 "사내 아이가 분홍색 옷을 입으면 못써"라는 부정적인 피드백을 통해 처벌을 받지.
  친구나 가족 중에서건, 아니면 미디어에서건, 눈앞에 따라야 할 모델이 보이기 마련이야. 게다가 행동에 대한 반응을 통해 조건부여는 긍정적이든 부정적이든 더 강하게 작용하고. 물론 문화적, 유전적인 면에서 성이 전체적으로 얼마나 생물학적 요인으로 결정되는지는 여전히 의문으로 남아 있지만.

닐스  대답하기 어려운 문제야. '섹스'(생물학적 성)나 '젠더'(사회적으로 주어진 성적 역할) 모두 문화적인 구조, 즉 아이들에게 제시되는 개념이라고 말하는 이론이 있어. 이 개념은 이른바 트랜스젠더 문제에서 흔히 강조되곤 하지. 이런 시각으로 볼 때 성은 명확히 규정할 수 없는 것 같아. 남성성이 강한 인간과 여성성이 강한 인간이 양 끝에 있는 스펙트럼 같다고나 할까.

파트릭　성은 역할이라는 문제와 직결되잖아. 그럼 정체성에서는 이 성역할이 어떤 역할을 하지?

닐스　당연히 아주 본질적인 역할을 하지. 아이들은 사회화 과정을 통해 점점 차별화되는 역할을 이해하는 법을 배우니까.

파트릭　문제는 왜 역할만 부각되는가, 이거지.

닐스　그건 사회의 구조와 관련된 문제야. 우리가 앞 장에서 이야기한 것처럼, 옛날에는 투명하고 명백한 역할이 있었어. 대장장이, 농부, 봉건영주, 귀족 등등. 그런데 사회가 세분화되면서 더욱 다양한 역할이 생긴 거지.
　오늘날 우리 사회에서 여성은 엄마이면서 동시에 은행직원이나 학부형회장, 노조원일 수도 있어. 자연히 현대사회에서 사회화 과정은 과거보다 훨씬 복잡하지. 대장장이가 아들에게 기술을 전수해줘야 하는 까닭은 아들이 아버지의 사업을 물려받을 게 확실하기 때문이야. 하지만 오늘날에는 자녀에게 포괄적인 교육을 시켜야해. 그래야 훗날 상황에 따라 직업을 바꾸든가 추가교육이나 재교육을 받을 수 있을 테니까. '평생교육'은 전형적인 현대적 개념이야.

파트릭  하지만 역할은 '타인들'이 갖는 기대의 혼합물 같은 거야. 동시에 사람을 분류하는 서랍 같은 것이기도 하고. 만일 내가 주위에서 기대하는 역할을 잘 수행하면, 사람들은 내 전반적인 정체성에 대해 쉽게 결론을 내리겠지. 그런데 이런 결론이 과연 진정한 정체성과 관련이 있는 걸까? 정체성에서 역할이라는 부분은 어디에 있는 걸까? 혹시 역할은 외부의 기대에 부응하려는 게임 같은 게 아닐까?

닐스  항상 사회화의 이론과 더불어 관심이 쏠리는 의문이 그거야. 위르겐 하버마스는 단순히 역할을 받아들이는 것은 물론이고 이 역할을 해석하고 분석하고 조금씩 변화시키는 능력도 사회화라고 강조했어. 한 예로, 교사는 자신의 직업을 일정한 방식으로 이해해. 나아가 그 직업에 생명을 불어넣을 수도 있고, 그 직업을 나름대로 개성 있게 변화시킬 수도 있어. '나는 내 방식대로 살았다'라는 노래처럼 말이야. 이런 창의력은 우리가 단체경기를 하는 선수일 뿐만 아니라 하나의 주체이기도 하다는 증거야. 온갖 사회적 기대와 의무 속에서도 '나는 진정 누구인가?' 하고 질문을 던지는 주체 말이야.

파트릭  이때 관찰자는 흔히 유혹에 넘어가서 역할과 정체성을 혼동하기도 하지.

닐스  사실이야. 직업만을 위해 살면서 역할과 자신을 완전히 동일시하는 사람들이 있어.

**파트릭**   그런데 하나의 견고한 정체성 같은 게 정말로 있을까? 혹시 정체성이란 단지 매일 달라지는 다양한 역할의 총합에 불과한 것은 아닐까?

**닐스**   인간은 다양한 역할을 다르게 평가하는 질서를 내면에 세울 수 있는 존재라고 할 수 있어. 인간은 끊임없이 질문을 던지지. 내 삶에서 가장 중요한 것은 무엇인가? 직업과 가족, 종교는 어떤 가치가 있나? 나의 정치적 태도는 무슨 의미가 있을까?

  그리고 우선순위가 바뀔 수도 있다는 점은 정체성이 고정되지 않은 역동적인 것이라는 사실을 의미해. 나는 평생 변할 수 있어. 확신하던 것을 되살펴보고 다른 삶을 개척할 수도 있고. 그러니 정체성이 역할의 총합 이상이라는 것은 분명해. 인간은 언제든 하던 일을 멈추고 자문할 수 있으니까. 나는 정말 누구인가? 지금 여기 있는데 어디로 가려는 걸까? 나는 지금 원래 가려던 곳에서 멀리 벗어나 있는 것은 아닐까?

  내 생각엔 이런 역동적인 자기성찰 능력이 인간의 정체성을 만들어주는 것 같아.

**파트릭**   정체성이 얼마나 유동적인지는 "이 사람, 자네 하나도 안 변했군" 하는 어설픈 칭찬에서도 엿볼 수 있어. 청소년 시절의 모습을 그대로 간직하고 있다는 건, 사실 최악 아냐? 물론 그걸 아주 기분 좋은 칭찬으로 받아들이는 사람도 있긴 하겠지만.

**닐스**   그것이 정체성 개념에 깔린 모순이야.

파트릭  지금까지 사회화와 양육에 대해 이야기했는데, 한 가지 이론이 남았어. 사회화의 세 번째 주요 요인은 뭐지?

닐스  교양.

파트릭  우리가 정말로 좋아하는 주제네. 그럼 교양은 사회화와 어떤 관계가 있지?

닐스  교양도 정체성이나 개성과 긴밀한 관계가 있어. 스위스의 철학자 페터 비에리Peter Bieri는 인간은 정체성을 갖고 일할 때 교양을 쌓는다고 말했어. 여기서 교양은 단순한 학습과는 다른 것으로, 단순히 중립적인 자세로 지식을 쌓고 분류하는 것을 넘어 그 지식으로 자신을 변화시키지. 시를 단순히 암기한다고 쳐. 어쩌면 시로 인해 내 시각이 바뀔 수도 있겠지. 하지만 이렇게 암기만 하면 마음속에 와 닿는 게 있을까?

비에리는 교양이 세상을 통찰하게 해준다고 했어. 의식적으로 정보를 찾으면서 내 통찰력을 개선하고 태도와 견해를 더 정교하게 다듬을 수 있다고 말이야. 예를 들어 특정한 정치 문제에 견해를 갖고 싶다면, 의도적으로 그 문제를 조사하고 정보를 수집하겠지. 지식이 광범위해질수록 더욱 깊어진 생각을 바탕으로 해당 문제를 조망하게 될 테니까. 그렇기 때문에 교양은 자율성의 성장을 의미해. 더 이상 권위를 좇으며 똑같이 따라하지 않고 자기 의견을 갖게 된다는 말씀.

페터 비에리

1944
철학자, 작가

"교육은 다른 사람에게 받을 수 있어도
교양은 누구나 스스로 쌓아야 한다"

파트릭  많은 사람들이 '교양'이라는 말을 들으면 즉시 학교나 지식, 직업교육 같은 것을 떠올리는 것 같아. 하지만 비에리의 교양관은 속성교수법을 상징하는 '뉘른베르크의 깔때기' 그림과는 아무 상관이 없어. 최대한 많은 것을 암기시켜야 지식을 '소유'하고 교양을 쌓게 할 수 있다는 생각에 아이들 머릿속으로 지식을 쏟아 붓는 그 유명한 그림 말야. 비에리나 지금 우리가 말하는 교양은 전혀 그런 게 아니잖아?

닐스  비에리는 그에 관해 흥미로운 말을 했어. '많은 사람들이 아주 많은 것을 알고 있지만 교양은 지독히도 없다'고 말이야. 재미난 역설이지. 이 말은 내가 얻은 지식을 흡수할 준비가 돼 있을 때만 교양이 형성된다는 의미일 거야. 그러니까 단순한 암기에서 그치지 말고 지식을 인격과 결합시켜야 한다는 말이지. 이 지식은 내게서 무엇을 만들어낼까? 지금까지의 내 태도와 방향을 어떻게 변화시키고 얼마나 뒷받침해줄까? 즉, 지식이 나를 발전시키고 성숙시키도록 내면으로 흡수해야 한다는 거야.

교양은 주변세계의 정보를 활용해 자립적으로 자기 인격을 닦는 과정이라고 할 수 있어. 무미건조한 암기학습을 넘어서는 아주 소중한 과정이지. 예를 들어 컴퓨터는 믿을 수 없이 많은 정보를 저장해도 교양을 닦지는 못하잖아. 위키피디아도 자체로는 교양을 쌓을 수 없어. 문서에 지나지 않으니. 하지만 인간은 그것을 활용해서 교양을 쌓을 수 있지.

**파트릭**  그렇다면 교양을 쌓는 데 가장 중요한 도구는, 당연한 것처럼 보이는 것에 비판적인 질문을 던지는 것이 되나?

**닐스**  바로 그거야. 교양인은 언제나 '나는 어디서 이 사실을 알았을까? 이 사실이 맞는다고 말해준 사람은 누구지? 그 사람은 어디서 그걸 안 것일까?'라는 물음을 제기하지. 이렇게 캐물으면서 자신이 흥미를 느낀 문제에 흡족한 해답을 얻지 못하면 더욱 많은 것을 알려고 노력해. 그래서 교양은 결코 멈추지 않아. 인간은 결코 '모든 것을 알았기에 내 인격은 완성되었다'라고 말할 수 있는 단계에 이르지 못하니까.

**파트릭**  넌 어떤 편이야? 학창시절에 순수한 교양인의 길을 걸었다고 말할 수 있어?

**닐스**  어쨌든 선생님 한 분과 관련해서는 분명 그렇다고 말할 수 있어. 아주 훌륭한 사회선생님이 계셨는데 교양을 중시하셨거든. 이렇게 말하는 이유는 우리와 토론을 아주 많이 했기 때문이야. 학생들의 의견에 지대한 관심을 갖고 계셨지. 예를 들어 독일연방공화국의 정치 시스템을 설명한 뒤에 그냥 암기하라고 시키지 않고 이렇게 말씀하셨어. "너희의 의견을 듣고 싶다. 정말 궁금해서 그래. 인권이란 무슨 의미일까? 인권을 무시당한다는 것이 어떤 건지 너희는 경험해봤니?" 그 선생님에게 배우면서 교양이 정말 중요하다는 걸 느꼈어. 하지만 다른 선생님들은 무미건조하게 암기학습만 시켰지.

**파트릭**   하지만 교양도 정보와 사실을 배제할 수는 없어.

**닐스**   당연히 배제하면 안 되지.

**파트릭**   정보와 사실은 기본 토대 같은 거니까. 내 밭이 정보로 이루어져 있다면 교양은 비옥한 토양을 일구는 쟁기 같은 거야.

**닐스**   그렇게 말할 수도 있겠네. 교양은 정보를 내 것으로 만드는 결정적인 방법이니까.

**파트릭**   디지털 미디어의 관점에서 볼 때, 오늘날 우리가 어떻게 정보를 빼내는지는 당연히 아주 흥미로운 문제야. '요즘에도 그렇게 많은 자료와 사실을 암기할 필요가 있나?' 하는 흥미로운 문제와 연관돼 있으니까.
　　암기는 책을 포함한 정보매체의 이용이 제한적이던 시대와 구술 중심 문화의 잔재라고 할 수도 있어. 그러니까 거의 모든 정보에 무제한으로 접근할 기회만 있으면 충분하지 않을까? 그런데도 이 외부의 지식 저장고에 극단적으로 의존하게 되는 건 웰까? 도서관에

의존하던 옛날 사람들처럼 말이야. 거대한 알렉산드리아 도서관에 불이 나 장서들이 소실되었을 때는 대재앙을 맞은 것 같았지. 화재로 인해 헤아릴 수 없이 많은 지식이 사라진 것이나 다름없었으니까.

그래서 암기라는 구술문화는 당연히 문화적 세계지식을 계속 보존하기 위한 일종의 방어기제가 됐어. 적절한 복사장치가 없어도 '말 전하기 게임' 같은 수단으로 지식을 보존하는 게 가능하니까 말이야. 나치 치하의 분서 사건을 생각해봐. 나치는 문화와 지식을 집단적인 문화기억에서 지워버리기 위해 분서라는 상상할 수도 없는 짓을 저질렀잖아. 그러니까 암기는 더욱 보호할 필요가 있는 기술이라고 생각해.

닐스  물론 당연히, 절대 무시할 수 없어. 나치가 책을 불태우고 금지시킨 이유는 교양Bildung(시민의 자기형성을 의미하는 독일 특유의 개념―옮긴이)의 과정을 방해하려는 생각에서였지. 그들은 교양의 토대를 단순하게 제거하려고 했던 거야. 교양은 그들의 이데올로기에 위험했으니까. 이런 점에서 정보 수집은 아주 중요해. 정보 수집은 지식 보존의 가능성을 엄청나게 높여준 현대적 소통 시스템의 장점 중 하나지.

파트릭  그렇다면 현대적 미디어는 우리의 정체성과 공동생활에 어떤 영향을 줄까?

닐스  그건 내가 물어볼 말인데? 네가 더 잘 아는 분야잖아.

**파트릭** 그래, 어쨌든 '미디어란 대체 무엇인가?'라는 질문부터 해야 할 거야. 우선 미디어는 정보매체일 뿐이지. 또 기본적으로 모든 것이 정보매체가 될 수 있어. 신문이나 텔레비전, 책, 그림, 건축물이나 돈, 사람 등등.

동시에 미디어는 장기적으로든 단기적으로든 정보를 저장하는 능력도 갖고 있어. 이건 정보 전달의 전제조건인데, 일단 정보를 받은 다음 베끼거나 버리는 식으로 정리를 하는 거지.

미디어는 우리 눈에 보이지 않던 사물과 사건을 보이게 만들어줘. 가령 미디어는 우리가 직접 인지하지 못하는 이미지도 언제나 멀리서 텍스트의 형태로까지 비춰주지.

그리고 가까운 미래를 살펴보면 정보 전달은 점점 더 빽빽한 그물처럼 네트워크화될 거야. 소셜미디어를 통해 구두보고라는 과거의 문화에 다시 더 가까워지고 있다고도 볼 수 있지. 고전적인 방송 미디어나 거대한 단일 매스미디어는 덜 이용하는 대신, 친구들이 추천한 것이나 트위터로 현장에서 벌어지는 일을 직접 목격하고 경험하는 일은 늘고 있고. 이처럼 디지털 미디어는 방송 메커니즘과 구술문화로 새로운 혼합형식을 만들어내고 있어. 정말 매혹적이지? 대중이 하는 일을 결국 대중이 경험하게 되다니 말이야. 하지만 대중이 봐야 할 것과 보지 말아야 할 것을 극소수가 결정하는 일은 더 이상 없어. 이런 점에서 고전적인 방송 미디어는 전체주의 체제에 아주 취약했지. 파시즘이 대대적으로 방송을 장악할 수 있었던 이유는 정보 전달 채널이 몇 개 안 되는데다 구술문화가 독점 미디어의 뉴스에 적응했기 때문이야. 이로 인해 사회 전체는 물론이고 사회 구성원들의 생각과 견해, 나아가 행동까지 아주 쉽게 통제할 수 있었지.

미디어는 접근이 불가능한 것에 접근하도록 만들어줘. 이야기로 무의식에 접근하게 해주는데, 공포영화든 포르노든 가리지 않고 무의식의 모든 측면을 표현하고 황홀하게 만들어준달까. 무의식의 욕구를 가시화시켜주는 동시에 직접 만족시켜주기도 하는 거야. 모방이 핵심역할을 하는 앨버트 반두라의 학습이론에서 흥미로운 부분도 바로 이거야.

나는 미디어에서 뭔가를 보고 저장한 다음 언젠가는 다시 그것을 전달해. 다시 말해 미디어는 아주 다양한 본보기와 모델을 다시 보여주지. 덕분에 우리는 가족이나 친구 같은 긴밀한 관계에서 생생하게 살아 있는 본보기들을 접할 수도 있고, 인위적이거나 먼 혹은 이미 사멸한 본보기에 다가가 모방할 수도 있어. 모두 미디어 덕분이야. 이런 점에선 미디어가 인간을 불멸의 존재로 만들어준다고도 할 수 있겠네. 이 책이 우리를 조금은 불멸의 존재로 만들어주듯이.

그리고 조작을 시도할 때면, 어두컴컴하거나 시커먼 세계로 순식간에 바뀌기도 하지. 광고와 선전에서 모범적인 본보기를 남용하는 이유도 너나 나에게서 원하는 행동을 이끌어내기 위해서야. 이런 모범적인 본보기가 없었으면 너도, 나도 결코 보여주지 않았을 그런 행동 말이야. 필요하지도 않고 생각지도 못했던 것이라도, 모범적인 본보기가 뭔가를 말하고 사용하고 구매하면 똑같이 말하고 사용하고 구매하곤 욕구가 일어나니까.

닐스   여기서도 최선의 방어수단은 교양이야. 교양이 있어야 그런 전략을 꿰뚫어보고 올바른 태도를 취할 수 있어. 하지만 내 말은 흥미가 당긴다고 광고를 보고 달려들면 안 된다는 것이 아니라, 스스로 결정하고 그 책임을 져야 한다는 의미야.

**파트릭**  광고 자체는 나쁜 것이 아니야. 광고는 정보를 전달해주니까. 재미도 있고 진실할 수도 있어. 물론 의도적으로 소비자를 속일 수도 있지만. 또 광고는 주의력을 키워주기도 해. 이 책도 그렇고 교양이나 계몽에는 광고의 메커니즘, 즉 주의를 집중하게 만드는 소통의 메커니즘이 필요하지. 광고 메시지의 수용자가 그때그때 얼마나 허약한지, 최고의 제품이라고 소비자를 공개적으로 설득하는 것이 광고라는 걸 얼마나 잘 간파하는지에 따라 광고는 조종력을 발휘하는 법이야. 그러므로 소비자는 항상 의문을 품어야 해. 어떻게 성숙한 소비자가 되는가? 소비자는 어디까지 보호받아야 하는가? 이런 질문에는 실제로 교양이 큰 역할을 하지. 페터 비에리가 말한 교양이 별로 없는 사회라면, 그 사회는 의도적인 허위정보와 부정적인 선전에 취약할 거야. 그렇다고 광고를 비난할 수 있을까? 지나친 광고만 문제 삼아야 할까?

**닐스**  그건 직접적인 상호관계에 달려 있어.

**파트릭**  그 말은 미디어가 정체성의 촉매제 같다는 뜻이군. 적어도 우리 문화에서 일어나는 정보의 가속화로 인해 현대인에게는 그렇게 여겨질 거야.

그래서인지 미디어가 모든 것을 훨씬 다양하게 다원화시킨다는 느낌이 들기도 하지만, 그렇지 않을 때도 많아. 많은 사람이 바로 미디어를 통해 과부하에 걸리게 되고 다시 의도적으로 독립된 세계로, 평행사회(사회적 주류와 격리된 인종적, 종교적 소수파의 독립적인 세계—옮긴이)로 돌아가지. 뒤에 가서 이런 우려스러운 퇴행적 징후로서 근본주의를 언급하기는 하겠지만.

다원성으로 인해 정체성은 분명히 확인하기 어려운데, 미디어는 우리가 선택할 수 있는 정체성이나 역할들을 아주 다양하게 보여주지. 결국 우리는 완전히 녹초가 되는 지점에 이르고 말아. 현재의 나는 누구인지, 내일은 어떤 존재가 될지, 지금 무엇이 옳고 무엇이 그른지, 왜 지금의 내가 옳은지, 왜 상대는 나쁜 건지, 또 왜 내일이 되면 전혀 다르게 보이는지, 더 이상 알 수 없는 상태가 되는 거라고.

닐스　사회의 이런 발전 양상은 인간의 존재양식을 갈수록 복잡하게 만들어. 우리가 불안해지는 이유는 이런 양상으로 인해 '나는 어떻게 될까?', '이것을 선택하나 저것을 선택하나?' 같은 질문을 갈수록 긴박하게 던지기 때문이고. 이런 상황은 정체성의 형성 가능성을 다양하게 만들어주지만 우리를 일정한 방향으로 유도하기도 해. 그러면 우리는 갈등을 겪다가 더 이상 어디로 가야 좋을지 모르게 되지. 이런 커다란 불확실성 앞에서 방향을 잡는 데는 역시 교양이 아주 중요한 수단일 수밖에.

파트릭　그건 분명해. 또 내 생각에 교양의 중요한 영역에는 대 미디어 능력도 있다고 봐. 미디어가 어떻게 작동하고 우리에게 어떤 영향을 주고 우리를 상대로 어떤 짓을 하는지, 우린 자신을 어떻게 보호해야 하는지를 인식하고 표현하는 능력 말이야. '상업적으로 운용되는 뉴스는 어떤 작용을 하나?'라는 흥미로운 의문이 제기되지.

닐스　그런데?

파트릭　보도에는 언제나 '당신이 여기서 뉴스를 읽으면 우리는 결국 돈을 벌 것이다'라는 '숨은 의도'가 있어. 뉴스로 어떻게 돈을 버냐고? 뉴스에 최대한 관심을 집중시켜서 전파하는 거야. 그러면 최대의 관심은 어떻게 불러일으키냐고? 뉴스를 지루하지 않게 선동적으로, 긴장감 있게, 감성적으로 만들면 돼. 하지만 이런 수단을 이용하면 뉴스의 내용까지 날조하게 되지. 다른 결과는 나올 수 없어. 결국은 복잡한 사고와 토론 과정도 포기할 수밖에 없어져. 아마 많은 텍스트를 포기하고 그림으로 말해야 하게 될 거야. 그림으로 어떻게 말을 하냐고? 사건을 어떤 관점에서 보여줄지 결정하는 거야. 이때 그림은 자극적이고 선동적이며 잘 팔리는 것이어야 하고, 뭐 이런 방식으로 진행되는 거지.

그리고 이런 식의 보도로 큰 성공을 거둘수록(요즘에는 인터넷 조회수로 금방 확인할 수 있어) 그만큼 피드백 고리는 더 빨리 돌아가. 옛날에는 신문 발행부수라는 게 있었는데, 하지만 얼마나 많은 사람이 전체 내용을 읽었는지는 전혀 알 수 없었지. 사람들이 어떤 기사를 읽었는지, 어떤 기사가 독자들의 마음을 사로잡았는지는 말할 나위도 없고.

하지만 인터넷의 새로운 측정력 덕분에 우리는 모든 걸 분명히 확인하게 됐어. 사람들이 정보에 즉각 어떻게 반응하는지, 무엇이 그들을 매혹시키고 무엇이 지루하게 만드는지를 알게 된 거라고.

유감스럽게도 이 모든 것은 뉴스 본래의 가치에 대해서는 아무것도 말해주지 않아. 사람들에게 최선의 정보를 제공하고 계몽했는지, 인식을 실현하는 데 도움을 주었는지는 알 수 없다는 말이야. 그런 의미에서 나는 대 미디어 능력과 미디어 윤리의 전폭적인 옹호자야. 내가 자유롭고 개방적인 사회의 중요한 구성요소로서 제4계급(언론)의 이상을 믿는 한은 말이지.

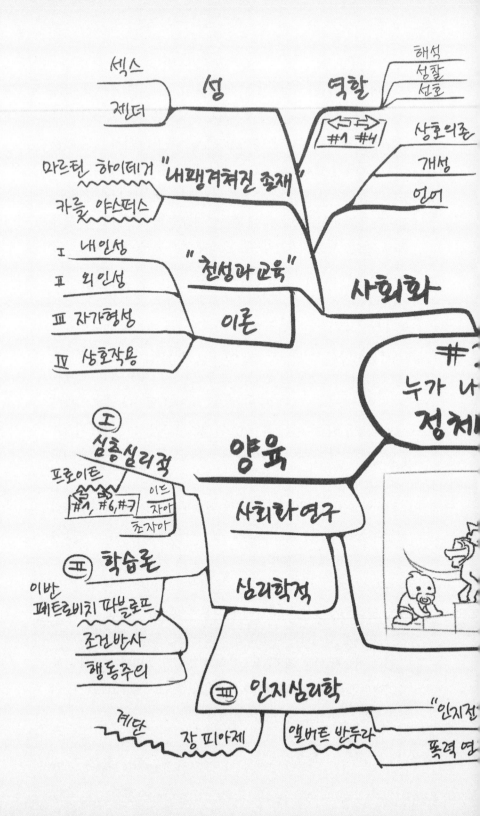

섹스

젠더

성

역할

해석

성찰

선호

⟷

#1 #4

상호의존

개성

언어

마르틴 하이데거 "내팽겨쳐진 존재"

카를 야스퍼스

Ⅰ 내인성

Ⅱ 외인성

Ⅲ 자가형성

Ⅳ 상호작용

"천성과 교육"

이론

사회화

#?

누가 나

정체

Ⅰ 심층심리적

프로이트

#1, #6, #7

이드

자아

초자아

양육

사회화 연구

심리학적

Ⅱ 학습론

이반

페트로비치 파블로프

조건반사

행동주의

Ⅲ 인지심리학

"인지전

집단

장 피아제

앨버트 반두라

폭력 연

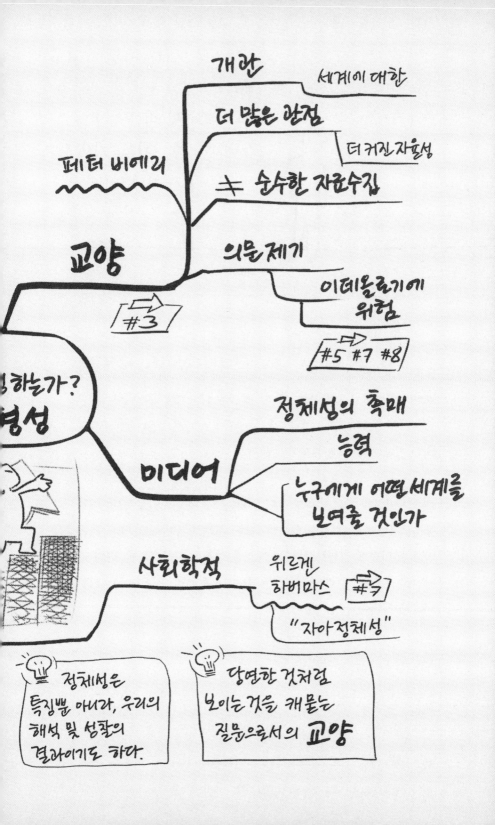

개관 ─────── 세계에 대한

더 많은 관점 ─── 더 커진 자율성

페터 비에리 ≠ 순수한 자료수집

**교양**

⇨ #3

의문제기 ─── 이데올로기에 위험

⇨ #5 #7 #8

정체성의 촉매

능력

**미디어** 누구에게 어떤 세계를 보여줄 것인가

?하는가?

성성

사회학적 위르겐 하버마스 ⇨ #7

"자아정체성"

💡 정체성은 특징뿐 아니라, 우리의 해석 및 성찰의 결과이기도 하다.

💡 당연한 것처럼 보이는 것을 캐묻는 질문으로서의 **교양**

# 3장

# 나는 어떻게
# 존재할 수 있는가?

교양, 정신분석, 구성주의

**파트릭**   지금까지 '나는 누구인가?'에 대해 이야기를 나누었어.

**닐스**   그래, 우리의 정체성에 대해서…….

**파트릭**   어떻게 해서 현재의 우리가 되는지도 짚어보았고. 그럼 이제 '나는 어떻게 존재할 수 있는가?'라는 질문도 흥미로울 거야. 나는 세계를 어떻게 경험하나, 나는 지식을 어떻게 분류하는가. 다시 말해 나는 어떻게 나란 존재를 통제할 수 있는가라는 물음이야. 그것이 가능하다는 전제하에 말이지.

**닐스**   아주 매끄러운 연결인걸.

**파트릭**   고마워.

**닐스** 앞에서 말했듯 이런 질문을 던지게 해주는 핵심적인 과정이 교양이야. 주관이 중심 역할을 하니 말이지. 교양에서 외부적인 특징은 별로 중요하지 않아. 문제는 스스로 형성되는 인격의 발달이니까.

**파트릭** 그러니까 교양은 고유의 정체성을 형성하기 위한 도구라는 말?

**닐스** 맞아. 경우에 따라서는 외부의 영향을 막아내는 데도 필요하고. 교양은 주위환경에 희생되는 것을 막아주고 내가 얼마나 자유로운지를 평가하게 해주지. 어떻게 하면 바람에 흩날리는 낙엽처럼 외부영향에 휩쓸리지 않고 주위환경을 가꾸는 일에 참여할 수 있을까?

**파트릭** 그럼 얽힌 매듭을 한번 풀어보자고. 그러니까 교양은 지극히 어려운 개념이라고 할 수 있어. 그래서 교양에 대해 저마다 다른 것을 떠올리지. 도대체 교양이라는 장바구니에는 뭐가 들어 있는 걸까?

**닐스** 페터 비에리라면 무언가에 대한 통찰력을 얻는 데 교양이 중요하다고 말할 거야. 예를 들어 나는 특정 대상에 대한 지도를 구상하기 위해 내게 적합한 정보와 지식을 사용해. 이때 비에리라면 세계의 언어가 몇 개나 되는지 정확히 알 필요는 없다고 할 거야. 하지만 400개를 넘어 4000개에 가깝다는 것은 알아야 하지. 또 지구의 역사가 얼마나 오래되었는지 꼭 알 필요는 없지만 수백만 년이 아니라 수십억 년에 가깝다는 것 정도는 알아야 돼. 이 말은 어느 시점에서 '내 정보가 맞을까? 지금까지의 내 지식을 어떻게 검증하고 보충하지? 정보원은 얼마나 믿을 만하고? 이 주제에 대한 또 다른 견해가 있나?'와 같은 추가질문을 던질 수 있는 기본조건의 역할을 교양이 해준다는 뜻이야. 이런 물음들은 교양을 토대로 한 전형적인 의문과 태도라고 할 수 있어. 그러므로 교육적인 면에서 교양은 어린이와 청소년에게 세상에 대한 원초적인 호기심을 키우고 유지시켜줘.

파트릭  그 말을 들으니 원칙적으로 지도를 갖고 연구하면서 '지도는 영토가 아니다'라고 말하는 구성주의적 태도가 퍼뜩 생각나는데? 지도가 대강의 전망은 제공하지만 그것을 실재의 땅과 혼동해서는 안 된다는. 그러면 원칙적으로 끝없이 질문을 이어가게 돼. 지도는 갈수록 세밀해질 테니까. 끊임없이 캐묻고 교정하게 될 거야. 자신을 발견하는 문제에서 일정하게 계속 개선 여지가 있다는, 다시 말해 교양이라는 문제에서 개인적으로는 매우 중요한 한 가지에 대한 의문이 계속 생긴다는 거지. 딱히 답을 구할 수 없는 의문이.

닐스  사실은 그래. 지도는 현실을 전체적으로 그리지도 못하고 세계를 '실제적으로' 완벽하게 묘사하지도 못하니까. 그래도 상관없어. 세계에 대해 모든 것을 알아버리면 우리 개인의 인격 발달은 멈추게 될 테니 말이야. 그러면 큰일이잖아? 그래서 교양은 우리가 지도를 그린 다음 계속 보충하고 교정하고 섬세하게 다듬는 것을 강조해. 지도에 아직 포함되지 않은 새로운 것이 끊임없이 생기기 마련이니까. 그리고 이런 과정을 결코 멈출 수 없는 이유는 세계의 모습이 믿을 수 없을 만큼 다양하기 때문이야.

과거에는 세계의 지식을 자신의 문화로 흡수하고 개인의 인격에서 구현하는 레오나르도 다빈치 같은 사람들이 있었지. 하지만 그것은 다빈치가 당시 세계에 대한 정보를 제공하던 모든 '지도'를 이용할 수 있었다는 의미에 지나지 않아. 하지만 오늘날 우리가 알다시피 이 정보라는 건 결함투성이가 아냐? 게다가 지식은 너무 다양해져서 개인이 한 문화의 지식을 전부 파악하기란 불가능해졌어. 오늘날엔 지도 도서관의 규모가 너무 방대해져서 특정한 지도와 장소, 지역을 담당하는 고도의 전문가가 있을 정도야.

**파트릭**  하지만 이렇게 전문화됐어도 지도상의 경계선은 계속 바뀌고 있어. 그 유명한 패러다임의 전환, 특히 학문의 대전환이 일어나고 있다고. 혹시 생각나는 것 없어?

**닐스**  글쎄, 좀 전에 프로이트의 학설을 이야기했잖아. 프로이트는 인간의 무의식이라는 거대한 신대륙을 발견했지. 이 영역은 과거 사람들의 머릿속에 없던 그림이야. 이 새로운 땅을 발견했을 때, 프로이트는 그것의 전체 모습을 전혀 몰랐던 상태에서 이 신대륙의 첫 지형도를 그리기 시작했어. 그리고 이 그림은 정신분석 연구가 진행되면서 계속 세분화되고 섬세해지고 수정됐지. 말하자면 어떤 산은 생각처럼 그렇게 높지 않은 반면, 어떤 산은 예상보다 더 높다는 걸 발견한 거야. 작업 초기만 해도 프로이트의 지도는 마치 중세의 해도처럼 불완전했어. 지금도 여전히 정신분석의 지도는 불완전하지만 그건 연구 역사가 비교적 짧기 때문이라고 할 수 있지. 다른 온갖 학문 분야에서 계속 새로운 지도가 만들어지는 것도 계속 새로운 영역이 밝혀지기 때문이야.

파트릭   프로이트와 그의 정신분석이 끼친 최대의 영향은 무엇이라고 생각해? 인간에게 어떤 영향을 미쳤고, 어디에서 어떤 방식으로 인류를 전혀 다른 방향으로 이끌었다고 보는 거지?

닐스   프로이트와 더불어 변화가 시작된 것은 아니라고 생각해. 19세기에서 20세기로 넘어가는 과도기에 철학에서도 결정적인 패러다임의 전환이 있었어. 19세기의 관념론(이상주의) 철학은 여전히 역사의 법칙성을 이해하면서 학문과 연구를 통해 세계 전체를 개선할 수 있다고 확신하고 있었어. 인류가 앞으로 나아가 개선된 단계로 들어갈 수 있다고 생각했지. 최고의 관념론자인 헤겔도 세상사의 발달 역학 속에서 세계의 모순과 인류의 삶을 극복할 수 있다고 생각했어.

　하지만 이미 헤겔 생전에 세계를 전혀 다르게 이해한 철학자들이 나타났어. 가령 아르투어 쇼펜하우어 Arthur Schopenhauer 는 세계가 이성적인 원칙에 따라 돌아가는 것이 아니라고 봤지. 이성적이라기보다 완전히 불합리한 무의식적 충동이 세계에 작용한다고 느낀 거야.

　프리드리히 니체 Friedrich Nietzsche 도 이런 성향을 강하게 이어받은 철학자야. 이성을 세상사의 작은 부분으로만 이해했고 그래서 흔히 그를 '무의식의 철학자'라고 부르지. 그는 이성이라는 가면 뒤에 숨어 있는 '권력에의 의지'를 파고들었어. 또 그가 보기에 인간의 발전을 가로막는 것 같은 도덕과 종교의 극복을 강조한거야. 인간은 자신을 뛰어넘어 '초인'이 됨으로써 그런 상태에서 해방될 수 있다고. 오늘날의 관점으로는 사고 구조가 몹시 거칠어 보일지도 모르겠는데, 하지만 자신을 분석해서 인간의 정신생활 아래에 묻혀 있는 부분을 심리학적으로 파고드는 철학적 토대를 마련했어. 그러고 나서 얼마 지나지 않은 20세기 초에 프로이트가 꿈의 해석이라는 구상을 발전시켰지. 이로써 무의식에 대한 최초의 지도가 나온 거야. 그러니까 무의식에 대한 직감이 빛을 보게 된 것은 프로이트의 연구 때문만은 아니야. 이 시기에 이미 얼마간의 징조가 있었던 거지.

**프리드리히 니체**

1844 - 1900
철학자

"인간은 동물과 초인을 이어주는
심연 위로 드리워진 밧줄이다"

**파트릭** 그러면 프로이트 고유의 업적은 어디에 있는 거야?

**닐스** 프로이트의 최대 업적은 신체 증상을 무의식적 갈등으로 설명했다는 데 있지. 그는 빈에서 의사로 활동하면서 당시 히스테리라고 부르던 증상을 자주 접했어. 상류층의 젊은 여성들에게 주로 나타나던 증상이었는데, 신체적으로는 건강한데도 갑자기 실신하거나 발작을 일으켰지. 병력을 조사해도 별 단서가 나타나지 않자 프로이트는 이 여성들의 생애를 치료와 연관 짓는 가히 천재적 발상을 하게 돼. 그는 환자들에게 진료실 소파(전설적인 그 다채로운 소파)

에 누우라고 한 다음, 살아온 삶을 자유롭게 이야기해보라고 했어. 훗날 그는 이 기법을 '자유연상'이라고 불렀어. 프로이트는 이 젊은 여성들이 증상과 관계가 있어 보이는 억눌린 소망과 환상을 자주 이야기한다는 것을 주목했지. 나는 이것이 프로이트가 생물학적-의학적 관찰방식에서 삶의 역사로 초점을 바꾼 전환점이었다고 생각해.

**파트릭**   그전에는 운명을 신이 정하는 것으로 여겼잖아. 그렇다면 프로이트가 사람들의 머릿속에 있던 신을 죽이거나, 절대 권위를 지닌 신의 모습에 흠집을 냈다는 의미가 조금은 있지 않을까? 물론 그가 인간은 자기 집의 주인이 아니고 감정이나 충동 같은 요인의 영향을 받는다고 일관되게 말했지만, 결국 인간은 정신분석을 통해 자신의 운명을 다시 손에 쥐게 되었으니까 말이야.

**닐스**   인류 역사상 3대 모독이 있어. 르네상스 시대까지는 지구가 우주의 중심이라고 확신했는데, 첫 번째 모독은 지구가 태양의 주위를 돈다는 것을 증명해서 이런 세계관을 반박한 것이야. 이로써 인간은 자기 고향과 함께 우주의 중심에서 쫓겨났지.

두번째 모독의 주인공은 찰스 다윈Charles Darwin이야. 그는 인간이 신의 직접적인 창조물이 아니라 동물 조상으로부터 진화한 존재임을 보여주었지. 그리고 세 번째 모독의 주역이 프로이트로, 인간은 자기 집의 주인이 아니며 자신도 모르는 동기에 의해 조종된다고 보았어. 이런 발상의 전환으로 인해 세계와 인간에 대해 갖고 있던 지도까지 크게 달라졌지. 지도를 확대했고 동시에 엄청 복잡하게, 뭔가 더 기분 나쁘게 만든 거야.

**파트릭**   맞아. 그리고 내 생각이지만, 1장에서 언급한 밈 이론을 네 번째 모독이라고 할 수 있을 것 같아. 리처드 도킨스의 밈 이론에서 주장하는 내용이 뭔가 프로이트의 학설과 비슷하거든. 인간은 자기 집의 주인이 아니고, 원하든 원치 않든 생각과 관념의 중계자이자 전파자일 뿐이라는 주장이 그래.

여기서 《빌트》지가 생각나는군. 많은 사람이 비판하는데도 《빌트》지는 여전히 성공을 거두고 있어. 그 이유는 사람들이 이 신문에 대해 이야기하기 때문이지. 바로 여기에 흥미로운 메커니즘이 숨어 있는데, 사람들이 이 신문에 공공연하게 분노를 표출할수록 《빌트》지의 생각은 간접적으로 널리 전파돼. 그러면서 대중의 흥미를 끌어당기지. 여전히 사람들은 《빌트》지를 싫어하는데도 말이야. 그렇기 때문에 어떤 면에서는 다음의 네 번째 모독이 밈 이론에 숨어 있다고 볼 수도 있어. 그 신문을 좋게 보든 나쁘게 보든, 소통과 정보저장을 통해 특정 생각을 전파할 수밖에 없으니까 말이지.

**닐스**   사실 담론은 일종의 독자적 삶을 발전시켜서 우리가 무조건 통제할 수만은 없는 방식으로 우리에게 다시 영향을 미쳐.

교양에 대해선 조금만 더 이야기하고, 네가 생각하는 구성주의에 대해 듣고 싶다. 우리가 페터 비에리의 정의를 토대로 논의한 현대의 교양 개념은 계몽주의 시대에 뿌리를 두고 있어. 여기에 아주 중요한 의미가 있지. 18세기에 임마누엘 칸트는 인간이 외부의 사물들을 '그 자체로' 인식하지 않고 이성의 힘으로 마음속에 모사할 뿐이라고 단언했어. 이 모사는 계속 인간의 이해에 영향을 미치고. 이런 기본이념을 19세기 교양철학자인 빌헬름 폰 훔볼트 Wilhelm von Humboldt가 그대로 수용하는데, 그에 따르면 인간은 교양을 통해 세계와 결합돼. 이 말은 우리가 논의한 것과 정확히 일치해. 세계에 대한 인식을 삶에 적용할수록 정체성은 더욱 풍요롭게 발달된다는 말이지. 그는 한 발 더 나아가, 교양을 통해 세계를 전체적으로 개선하고 계속 발전시킬 수 있다고까지 주장했어. 성찰할 줄 아는 교양인의 행동이 세계에 긍정적인 영향을 미치기 때문이야.

시의적절한 예로 정확히 설명해볼까? 환경오염 문제를 단순히 중립적인 사실로만 받아들이지 않고 나 자신과 연관 지어 생각하면(이런 통찰을 통해 어느 정도 내 문제로 생각하면), 나는 환경을 더 의식하면서 행동하고 적극적으로 환경보호에 나설 거야. 이런 태도는 세계를 개선하는 데 기여할 것이고. 비슷한 예를 인도적인 분야에서도 찾을 수 있어. 그리고 훔볼트는 인간과 사회가 교양을 통해 완성될 수 있다고 말하면서, 오늘날 그 단순함과 직설적인 면 때문에 어딘가 순진하게 보일 수도 있는 이런 주장을 극단으로 밀고 나갔지.

여기서 교양의 개념은 거의 종교적인 차원으로까지 승화됐어. 하지만 정말 중요한 것은 인간이 교양을 통해 세계를 1 대 1로 인지하고 모사하는 것이 아니라 나름대로 꾸미고 변화시키는 것이라고 봐. 이런 점이 구성주의와 연결된다 하겠지.

빌헬름 폰 훔볼트

1767 - 1835
교육철학자
"너 스스로 교양을 쌓아라. 그런 다음
네 모습을 통해 다른 사람에게 영향을 주어라!"

**파트릭** 맞아. 적어도 구성주의는 그런 사고방식에서 생겼어. 칸트는 기조연설자 같은 역할을 통해 특별히 사고의 전환에 기여했고. 나는 개인적으로 구성주의를 일종의 태도 같은 것으로 이해해. 그런데 간단히 살펴본 교양 개념처럼 '~주의'라는 표현 때문인지 구성주의를 세계관으로 이해하는 경우가 아주 많아. 즉 인간과 인간의 오성으로 세계의 모습을 구성하고 해석하는 관점으로 본다는 말이지. 내가 구성주의에서 본 태도는 당연한 것의 배후를 끊임없이 캐묻는 것이야. 사실이나, 나아가서는 진실에 대해서까지 말이야.

세밀하게 살피고 캐묻는 태도의 근저에는 현실이 유일한 진실은 아니라는 인식이 깔려 있어. 개개의 인간이 자신의 고유한 현실을 다시 구성한다는, 다시 말해 감각적 인상이나 평가, 해석을 통해 스스로 짜 맞춘다는 인식. 물론 합의된 현실로 인해 서로의 현실이 중복될 수도 있지만 결국 각 주체마다 세계와 세계의 사건을 완전히 다르게 받아들이는 거지.

**닐스** 그러니까 손전등이 여러 개 모이면 원뿔 모양의 빛이 만들어지지만, 전등마다 각기 다른 단면을 비추는 것과 같은 이치?

**파트릭** 정확한 비유군. 하지만 위기 상황에서는 구성주의의 기본 사고를 가장 강하게 인식하게 돼. 위기에 처하면 다양한 진실과 현실 사이에서 갑자기 갈등이 노출되니까. 아니, 다양한 인지와 해석 사이의 갈등이라고 해야 옳겠네.

**닐스** 예를 들면?

**파트릭**　인종주의가 딱 들어맞는 예야. 내가 볼 때 인종주의는 일종의 지각장애다 싶어. 인종주의자는 인간의 외형에 치중하기 때문에 개성이나 주관, 정체성을 보지 못하지. 그래서 인종주의적 편견을 가진 사람은 피부가 검은 사람을 대할 때 상대와 친구가 될 수 있을지에 대해 중립적인 질문을 던지지 못해. 자신과 다른 외형적 특징만으로도 모든 것이 분명해지니까. 처음부터 상대를 누구보다도 가치 없는 존재로 본다는 말이지.

물론 터무니없는 태도고, 그런 태도는 진정한 현실이 아니라 불충분하고 불완전한 현실 구성에 지나지 않아. 선입견이 강해서 충분히 생각을 못한다고. 이것만 봐도 우리가 받아들이는 사물을 항상 새롭게 평가하고, (상대의) 이야기와 경험, 사회화를 통해 특징을 다시 살펴봐야 한다는 걸 알 수 있어. 인종주의는 외적인 생물학적 특징을 토대로 평가하는 것이기 때문에 실재 존재와는 아무 상관이 없어. 형상과 역사, 언어, 개념화 같은 것을 통해 사회화된 생각일 뿐이야.

나는 이것이 구성주의의 분명한 예에 해당한다고 생각해. 하지만 우리는 결국 이 인종주의에 의문을 품을 수 있어. 어쩌면 이것이 구성주의에서 핵심인지도 모르겠다. 기본적으로 모든 것에 의문을 품는 태도 말이야. 수학처럼 명백해 보이는 것에도 마찬가지인데, 여기서 말하는 수학은 인간이 논리적으로 명료하게 발달시킨 언어체계에 불과해. 이런 수학이 명료하지 않을 경우, 무언가 새로운 것을 발견해서 다시 명료하게 만들지.

**닐스**　새로운 부호가 도입될 때까지?

**파트릭**  그래. 이렇게 인간은 늘 자신이 인지한 것을 모사하지. 그러나 인간은 절대로 전체를 훌륭하게 또 모든 시각으로 인지하지는 못해. 아주 다양한 것 같아도, 인지한 것을 외부로 표현하는 소통 수단도 매우 제한되어 있고. 수학과 언어, 예술에 이르기까지 말이야.

**닐스**  칸트 식으로 표현하면, 인간은 절대 물 자체를 보지 못하는 거로군.

**파트릭**  맞아. 늘 단면이나 파편만 보고, 거기서 나름대로 상관관계를 구성하지. 이것이 우리의 고유한 현실이야. 이 현실은 다른 현실과 부합하기도 하고, 위기나 갈등 상황에서는 서로 싸우며 불화하기도 하지.

**닐스**  교양과 구성주의, 이 두 요소를 결합해서 예를 들 수도 있을 것 같은데? 사람 자체가 아니라 피부색을 보는 인종주의적 성향의 소년 같은 예 말이야. 그런 소년에게는 여행이 교양을 쌓는 좋은 기회가 될 수도 있겠다. 여행을 하면 낯선 사람들과 대립할 수밖에 없는 상황에 처할 테니까 말이야. 전에 청소년 전문교육학자에게 들은 말이, 인종주의적 성향을 가진 소년이 외국에 장기체류하다 원주민 소녀를 사랑하게 되면 모든 인종주의가 무너진다더군. 인종주의라는 구조가 그런 경험 앞에 더 이상 버티지 못하게 되는 거지. 그러면 인종주의가 허물어지면서 소년은 그때까지의 태도를 골똘히 생각해보게 될 거야.
  인간이란 단순한 것을 선호하는 경향이 강해. 갖가지 극단적인 구조를 단축하고 단순화시킨다는 말이야. 그런 인종주의적인 태도도 아주 긍정적이거나 부정적인 경험을 통해 흔들리고 변하기 십상이지.

**파트릭**　정확하게 봤어. 태도로서의 구성주의는 교양의 형성에 아주 중요한 전제야. 예컨대 '세계는 보이는 것과 다르다'라는 태도를 지녔다면, 이것은 당연히 보이는 것의 배후를 캐묻는 첫 번째 전제가 돼. 이런 태도 없이는 그것을 구성주의라고 부르든 회의론이라고 부르든, 패러다임의 전환은 일어나지 않을 거야. 패러다임 또한 뒤집을 수 없는 전제처럼 보일 테니까. 그래서 교양과 결합된 구성주의는 모든 종류의 선입견을 깨트리는 중요한 도구라고 할 수 있어.

**닐스**　그렇다면 선입견은 애초에 어떻게 생기는 걸까?

**파트릭**　선입견에는 대체로 두 가지 형태가 있어. 첫째는 '나는 내 경험으로 판단한다'는 거야. 인종주의를 예로 들어보자고. 내가 멍청한 사람을 만났다고 쳐. 사실 멍청한 사람은 어디에나 있지. 그런데 이 사람이 특정 인종에 속해 있다면, 이때 문제는 내가 이 경험에서 어떤 추론을 구성해낸다는 거야. 이 경험을 토대로 다른 모든 사람에 대해 결론을 내리는 동시에 그 배후에 있는 개개인들의 개성은 완전히 잊어버리면서. 그런 식으로 자신의 세계관 속에서 일반화를 시작하지.

　두 번째는 다른 사람의 태도를 무비판적으로 받아들여 일반화하는 거야. 이성적으론 좀처럼 공감할 수 없는 어리석은 태도임이 분명하지. 자기 경험이 아닌 인종주의적인 믿음을 소문으로 듣고 인종주의적 태도를 발전시키는 거니까. 그리고 구성주의는 이런 선입견, 즉 살펴보지도 않고 내려버린 판단을 근본적으로 살펴보게 해주는 전제조건과 같아. 이렇게 살펴보면, 보편타당한 것처럼 보이는 생각이 사실은 나나 타인들에 의해 짜 맞춰진 것임을 깨닫게 되지.

구성주의의 선구자이자 실천가인 폴 바츨라빅Paul Watzlawick은 '해결책이 문제가 될 때'라는 주제로 뛰어난 강연을 한 적이 있어. 이 강연에서 바츨라빅은 '최종미봉책의 덫'을 이야기했지.

폴 바츨라빅

1921 - 2007
구성주의 소통과학자

"도구로서 망치 밖에 가진 것이 없는 사람은 문제에 부딪힐 때마다 못이 보일 것이다"

닐스   그건 정확히 무슨 말인데?

파트릭   이 개념에는 놀라운 이중 의미가 있어. 그가 말하는 것은 단순한 해결책이기도 해. 하지만 잘못 적용해서 완전히 못쓰게 망치는 방법이기도 하지. 다른 한편으로는 이상적인 해결책에 의존한다는 의미도 있는데, 그러니까 일정한 시나리오를 위해 개발된 해결책을 즉시 새로운 시나리오와 미래의 비슷한 모든 시나리오에 적용하는 거지. 그에 해당하는 각각의 예가 있을 거야. 예컨대 정신질환을 확인하기 위한 일정한 행동방식이 있어. 우리는 대개 환자의 행동과 관련된 증상을 물어보지. 바츨라빅이 이야기한 건데, 어느 정신병원에서 일어난 일을 들려줄게. 정신병원에서 한 여성을 구급차에 태워 다른 시설로 옮겨야 했어. 그런데 보호인력들이 차에 태우려 하자 이 여성은 완강하게 저항했지. 무슨 영문인지 모르겠다면서(혼란, 방향상실 증상) 사람을 잘못 봤다고 주장했어(이인증). 또 분노로 파랗게 질려서는(히스테리) 달려드는 사람들을 마구 후려갈겼지(공격적 태도). 그리고 나서 얼마 후 그 여성이 환자가 아니라 방문객이라는 사실이 밝혀졌어.

단순한 도식적 진단으로 그녀에게 실제로 정신질환이 있다고 생각한 거지. 예를 한 가지 더 들어볼까? 인도에서는 뱀 때문에 많은 문제가 발생해. 정말 골칫거리야. 어디를 가나 뱀들이 기어 다니는데 개중에는 독성이 강한 놈들도 있거든. 그래서 해결방법으로 생각해낸 것이 모든 뱀마다 현상금을 건 거야. 자, 어떻게 되었을 것 같아?

닐스　글쎄, 어떻게 됐는데?

파트릭　몇몇 사람이 현상금을 탈 욕심에 뱀을 사육하기 시작했어. 그래서 문제가 더 심각해졌지. 바츨라빅의 이 최종미봉책이란 개념은 모든 문제에 궁극적인 해결책이 있다며 절대 진실을 꿰고 있는 것처럼 주장하는 사람들에게 보내는 경고와 같아. 모든 문제는 새로운 문제를 수없이 야기할 수 있음을 강조하는 것이기도 하고. 또한 이 단어를 나치의 '최종해결책'에서 아무 이유 없이 따온 게 아니라는 말이지. 나치는 유대인을 말살시키면 독일의 모든 사회문화적 문제를 '해결'할 수 있다는 의미로 이 말을 썼기 때문이야.

닐스  극단적인 근본주의자들이 세계에 대한 자신들의 태도를 해석이 아닌 그 자체로 진리를 담은 것이라고 확신하는 것도 우연이 아니구나? 하지만 교양의 과정은 이런 이데올로기를 흔들고 깨부수지. 앞에서 이야기한 것처럼, 인종주의적 성향의 소년이 외국에 체류하면서 새로운 경험을 하면 그때까지의 확신이 뒤흔들리는 것처럼 말이야.

파트릭  어쨌든 내가 이해한 바에 따르면, 구성주의는 정신적으로 늘 움직이고 있다는 것을 의미해. 그리고 움직임에 따른 충격은 (바츨라빅이 '역설적 간섭'이라고 부르는) 제자리걸음을 하지 않게 도와줄 때가 많아. 그런데 유감스럽게도 구성주의는 상대주의와 더불어 외면당하는 경우가 허다해. '아무튼 모든 것이 짜 맞춰지기만 한 것이라면, 원칙적으로 모두 다를 것이 없다' 같은 구호에 따라 말이지. 하지만 실제론 그렇지 않아. 상대주의는 제자리걸음을 할지 몰라도, 어쨌든 바츨라빅과 몇몇 학자들이 생각하고 경험한 것처럼, 구성주의에서 중요한 것은 단 하나의 진실하고 사실적인 현실에 대한 의심이야. 멈추지도, 단순하게 받아들이지도 않으면서 끊임없이 배후를 캐묻고 숙고해서, 현실에 대한 새로운 시각이 기능을 발휘하게 자극하는 의심 말이야.
　다시 인종주의를 예로 들어볼까? 인종주의가 우리의 집단기억과 문화 속에 거대하게 자리 잡을 수 있었던 이유는 어떤 면에선 확고부동해 보이는 자연과학 때문이기도 해. 사람들은 이런 자연과학을 악용해서 인종주의적 이데올로기를 분명하게 드러냈으니까. 사실

자연과학 자체는 진실의 새로운 형태로서 가치 있지만 진실을 창조해내기도 하지. 인종주의 이데올로기가 독점했던 두개골 측정이 그 예야. 인종주의자들은 이것을 이용해서 어떤 인종은 두개골 부피가 작아서 지적 능력이 떨어진다는 결론을 이끌어내려 했어.

인종주의자와 파시스트들은 다윈의 진화론도 악용했는데, 다윈의 포괄적인 자연관에서 '더 강한 인종이 결국 성공한다'라는 인종주의 원칙을 만들어냈지. 하지만 이런 원칙은 처음부터 잘못된 해석을 바탕으로 한 거야. 다윈의 주장은 '적응한 종이 살아남는다'는 것뿐이었으니까.

아무튼 당시 사람들은 온갖 자연과학적 사고와 절차에서 진실의 아우라를 느꼈어. 그래서 범접할 수 없는, 종교적이기까지 한 명성을 과학에 부여했지. 신이 진리였던 과거에는 신의 말씀이나 예언자를 통해 간접적으로 표현된 것을 모두 진실이라 여겼어. 그런데 갑자기 계몽주의 과학자들이 나타나 누구도 비판적 의문을 제기하지 않고 즉시 받아들이게 만드는 이론들을 계발해낸거야.

내 생각에 이런 맥락에서 구성주의는 잘못된 이데올로기와 예언자를 막아주는 아주 중요한 방어기제야. 기존의 것을 비판적으로 살펴볼 기회를 계속 만들어주니까. 이런 점은 상대주의와는 정반대지.

덧붙이자면, 나는 언제나 나의 현실 구성에 책임을 져야 해. 내 생각과 행동을 책임져야 하는 이유는 그것이 나의 고유한 구성에 기초하고 있기 때문이야. 또한 타인들의 구성에도 책임이 있는 건 나의 현실이 그들의 현실에도 영향을 미친다는 점에서 현실의 구성은 언제나 공동의 과정일 수밖에 없어서야. 이런 책임 속에서 나는 또 끊임없이 캐묻고 질문하면서 지속적인 발견과 발전을 이루어내겠지.

**닐스**  과학적인 명제는 영원히 입증될 수 있다는 믿음은 다시 19세기에 황금기를 맞지. 반박할 수 없는 기본구성비율(어떤 검사나 기준에 의해 선발되기 이전 상태에서 관심받는 현상의 자연적 발생구성비율 ─ 옮긴이)에 도달하기 위해 과학적인 진술을 증명하고 뒷받침해주는 모든 증거를 모으려는 시도도 했고. 오늘날은 이와 반대의 길을 가고 있어. 실험을 통해 과학이론을 검증하려고 하지. 한 이론이 검증을 무사히 견뎌내면 옳은 것으로 인정받고, 견뎌내지 못하면 반박에 부딪쳐 새로운 이론으로 대체될 수밖에 없어. 따라서 기존 이론을 반박할 수 있는 실험만 의미를 갖고, 이런 검증을 버텨내는 이론만 필요하게 되었지.

이런 의미에서 정통과학은 끊임없이 명제를 검증하면서 진로를 찾아나가고 시행착오를 통해 앞으로 나아가. 이런 점에서 과학사는 사실을 밝히려는 이론의 끊임없는 변천사이자 부단히 수정되는 지도와 같아.


**파트릭**  유감스럽게도 기계적인 자연과학의 인기는 수학과 물리학의 자연법칙에 따라 인간상을 만들어냈어. 경제학에서도 그런 예를 찾아볼 수 있어. 경제학은 본래 정신과학에 속하는데 지금은 자연과학처럼 취급되고 있잖아. 요즘 통용되는 해석에 따르면, 경제학은 인간관계로부터 분리된 분야라는 거야. 사실 경제 관계는 오히려 문화사회학적으로 해석해야 하는데도 말이지. 현재는 부분적으로만 이렇게 하고 있어.

고전경제학은 심지어 호모 외코노미쿠스$^{Homo\ Oeconomicus}$(경제인)라는 수학적 ─ 기계적 인간상에서 출발하지. 사랑이나 우정, 감정이입 같은 가치와는 분리된 존재로서 늘 합리적이고 자신의 물질적 이익

(가격)에 집착하는 인간형 말이야. 이들의 가치는 가격에 따라 변해. 그래서 복합적인 인간은 철저하게 값을 매길 수 있는 평범한 기계 같은 존재로 전락하지.

아주 실질적인 예로 빅 데이터와 그 알고리즘 같은 주제를 생각해볼까. 여기서는 수많은 지혜로운 공식으로 인간세계를 모사하고 통제할 수 있다고 생각하지. 그리고 이렇게 하려면 인간이 부딪치는 지상의 온갖 문제를 해결하기 위해 앞에서 말한 최종미봉책을 제공해야 해. 분명 알고리즘은 매우 유용하고 현실의 여러 부분을 흉내 낼 수도 있지만 이때 메뉴와 요리를 혼동해서는 안 돼. 이 알고리즘을 최종적인 통제도구로 믿어서는 안 된다는 말이야.

닐스  어떤 위험이 있을까?

파트릭  오늘날 대부분 자동화되어 있는 증권시장의 시스템은 누구보다 증권거래인들에게 장점으로 작용해. 이들은 밀리초 단위로 리스크와 기회를 계산하고 거기에 맞춰서 번개처럼 빠르게 매수매도가 이루어지게 할 수 있지. 하지만 (이쪽 분야에서 '블랙스완'이라고 부르는) 예상치 못한 위기가 닥칠 때는 치명적이야. 자동화된 매도는 제정신을 잃고 대대적인 주가폭락을 야기하지. 보통 이런 상황에서 인간적인 경험이 있는 중개인이라면 이렇게 예측 불가능한 복잡한 상황을 모사할 수 없는 알고리즘과는 전혀 다른 반응을 보일 거야.

인간은 창의적이고 기계는 이런 상황에서 지극히 명청해. 달리 말하면, 알고리즘은 내가 볼 때 그것을 만들어낸 프로그래머만큼만 영리해. 그런데 알고리즘은 프로그래머가 아니야. 인간인 프로그래머는 작은 부분현실, 즉 여러 가능성 중 한 가지 관점의 대표자에 불과하고. 복잡한 세계는 이런 기계적 사고를 통해 극단적으로 평범해지고 이런 과정을 거쳐 앞에서 언급한 시나리오가 발생하지. 여기서 중요한 점은 알고리즘에 대한 비판이 아니라 책임 표명과 그런 알고리즘의 결정능력에 대한 비판이야.

**닐스**　인간은 언제나 모든 것을 설명할 수 있는 세계공식 같은 걸 갖고 싶어 하지. 우주의 마지막 비밀을 알려주는 공식 같은 것 말이야. 언젠가 그런 지식수준에 도달하게 된다면 무척이나 슬플 거야.

**파트릭**　아마 그러면 모든 것이 그대로 마비되고 말겠지. 그래도 우주는 존속하겠지만.

**닐스**　그건 바람직한 목표가 아니야. 인간이 이 세계를 어떤 알고리즘이나 공식으로 표현하지 못한다는 것을 다행으로 생각해야 해. 이런 바람을 세계가 끊임없이 빗겨가는 것은 모든 당사자에게 좋은 일이야.

**파트릭**　인간도 세계를 끝없이 변화시키고 있지. 인간은 창의력과 감정이입, 상상력으로 가득 찬 존재니까.

**닐스**　그래, 인간은 창의적이면서 해석하는 존재지. 단순히 현실을 모사하는 데서 그치지 않고 세계를 끊임없이 새롭게 재구성해. 단순한 금전등록기나 메모리가 아니라 세계에 대한 경험을 창조적인 방법으로 가공한다는 말이야.
　최근에 우주의 자연방사선처럼 파악하기 어려운 현상에 대해 천

체물리학자들이 토론하는 모습을 본 적이 있어. 거기서 언급된 '이론후보군'이란 말이 흥미롭더군. 이런저런 현상을 설명하는 데 이런저런 이론이 뛰어난 후보라는 말이야. 그런데 후보가 되려면 먼저 자기주장을 해야 하고, 이론 자체가 사람들의 기대에 부응한다는 것을 보여주어야 해. 내 눈에는 이런 경쟁의 비유가 돋보였어. 사실을 놓고 경쟁을 벌이고 어떤 이론이 검증실험에서 우위에 서는지를 기대감을 갖고 지켜보는 거 말이야. 이렇게 몇 년이 지나면 다른 후보들을 제치고 해당 문제를 훨씬 뛰어나게 설명할 수 있는 새로운 후보가 나타나겠지.

파트릭　이제 그쯤 해두고 우리가 즐겨 다루는 철학자 얘기로 넘어가 볼까.

닐스　그래, 칼 포퍼 Karl Popper 말이지?

파트릭　맞아. 포퍼가 이 주제에 대한 기준을 제시하는 데 일조했으니까. 그런데 정확히 그가 무슨 말을 했지?

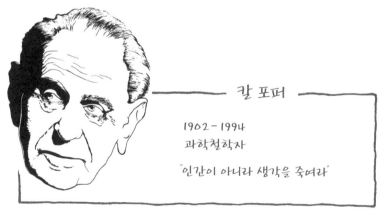

칼 포퍼

1902 - 1994
과학철학자

"인간이 아니라 생각을 죽여라"

**닐스** 포퍼는 과학의 이런 패러다임을 강화시켰어. 엄밀하게 볼 때 이론은 결코 증명할 수 없다고 했어. 검증을 버텨낸 이론은 보존될 수 있지만, 그래도 어느 날 이 이론은 반박되고 대체될 수 있다는 말이지. 그는 또 우린 결코 세계에 대한 진실을 손에 넣을 수 없다고 했어. 이런 통찰이 '인간이 아니라 생각을 죽여라'라는 위대한 인도주의적 확신으로 이어진 것 같아. 인간은 언어능력을 통해 외부에 가설을 세우고 이 가설의 전달자로서 자신을 해치지 않고도 서로 싸울 수 있어. 그러다 보면 이론은 조용히 가라앉고 말지. 지구가 태양의 주위를 돌며 그 반대가 아니라는 가설처럼, 거의 모든 이론은 아주 분명히 증명된 것이어도 언젠가는 무너지게 되어 있다는 말이야.

**파트릭** 그 말을 들으니 하인츠 폰 포에스터의 이야기가 생각난다. 행성이 지구의 주위를 돈다고 생각하던 시절이 있었지. 이런 생각은 행성 간 회의에서 인간이 화성인과 금성인, 목성인을 만날 때까지는 맞았어. 왜냐하면 회의에서는 저마다 별이 자신의 행성 주위를 돈다고 주장하면서 격렬한 논쟁을 벌였으니까. 자신의 입장에서 볼 때는, 즉 자신이 사는 행성 중심의 시각으로 볼 때는 다 맞는다고 봐야지. 하지만 모두가 그러한 관점을 벗어나 태양의 주위를 돈다는 관점을 받아들이자 이내 명제가 다시 활성화됐어. 태양 중심의 세계관이 형성되었다는 말이야.

이것은 아주 중요한 통찰이야. 우리가 진리라고 믿는 대부분의 인식은 인간중심의 관점에서 나온, 인간중심적으로 생각하고 표현한 것이지. 이렇게 볼 때 자신의 시각, 즉 인간적인 시각에서 벗어나 회의에서 의견을 교환하는 여러 행성의 사람들처럼 위에서 바라보려고 노력한다면 그건 메타 수준에 도달해 있는 거야. 하지만 모든 이론은 언제나 인간의 제한적인 시각에서 표현되지.

닐스   칼 포퍼는 그래서 계속 진리의 개념에 매달려. 진리 추구야말로 연구를 추진하게 해주는 원동력이니까. 하지만 이 진리를 손에 넣을 수 있는 사람은 아무도 없다고 강조하고 있어. 요컨대 하나의 궁극적인 진리가 존재하는지는 증명할 수 없지만, 조정을 하고 동기를 부여해주는 이상ideal으로서의 진리 개념이 필요하다고 보는 거지.

파트릭   유명한 구성주의 사상가인 에른스트 폰 글라저스펠트Ernst von Glasersfeld는 생존능력이란 개념을 만들어냈어. 뭔가 '일시적으로 통용되는 것'은 생존이 가능하다는 말이지. 일시적으로 어떤 목적을 충족시켜주면 타당성을 갖게 된다는 의미야. 칼 포퍼의 설명에 따르면, 누군가 와서 이 타당성에 의문을 표하고 반박할 때까지는 생존력이 있다는 말이야.
　통용되는 것이라는 말에 아주 중요한 핵심이 들어 있는 것 같아. 이 말이 양자택일의 이분법적인 낡은 패러다임을 깨트려버리니까 말이야. 요컨대 인간은 선악이나 옳고 그름처럼 이원론적으로 생각하기를 좋아해. 그런데 이 통용될 수 있는 것은 인간에게 둘 다를 생각해볼 기회를 열어주지. 성의 역할을 예로 들어보자. 지난 30년간 양자택일의 수사가 두드러진 정치적 담론이 있는데, 여성으로서 경력을 쌓든가 아니면 아이를 키우라는 게 바로 그거야. 양자병행이라는 발상은 거의 보이지 않고 양자택일의 사고가 담론을 지배했지. 둘 중 확실하게 하나를 선택하라고 강요한 거야. 하지만 요즘에는 양자병행이 가능할 뿐만 아니라 곳곳에서 실천까지 하고 있어. 과거에는 없는 것처럼 보이던 중간노선과 대안, 회색지대를 정치가 인식하면서 새로운 해결책을 제시하게 됐기 때문이야.

닐스  내가 볼 때는 교양 개념과 구성주의적 사고에서도 제자리에 멈춰 서지 말 것을 중요하게 요구하는 것 같아. 생각을 멈추지 말고 계속 의문을 제기하라고. 세계는 너무도 풍부하고 다양해서 최종해결책도 계속 의심을 불러일으킬 수밖에 없어. 그리고 커다란 의문들은 전문적인 철학자나 과학자들에게만 맡기지 말아야 해. 당장은 낯설고 까다로워 보이는 주제도 모두가 교양을 쌓으면서 논의에 참여해야 한다는 얘기야.

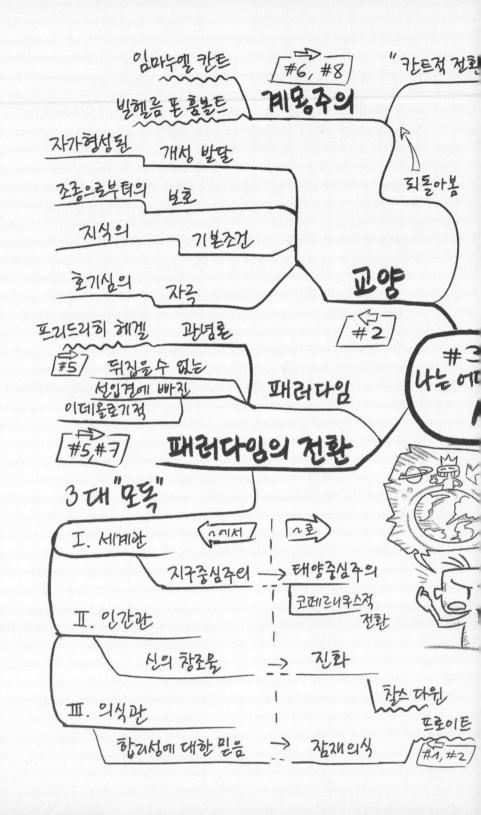

임마누엘 칸트

#6, #8

"칸트적 전환"

빌헬름 폰 훔볼트

계몽주의

자가형성원    개성 발달

조종으로부터의    보호

되돌아봄

지식의    기본조건

호기심의    자극

교양

#2

프리드리히 헤겔    관념론

#5  뒤집을 수 없는
    선입견에 빠진
이데올로기적    패러다임

#3
나는 어디

#5,#7  패러다임의 전환

3대 "모독"

Ⅰ. 세계관    ~에서  ~로

    지구중심주의 → 태양중심주의

    코페르니쿠스적
    전환

Ⅱ. 인간관

    신의 창조물  →  진화

Ⅲ. 의식관    찰스 다윈

    프로이트

    합리성에 대한 믿음 → 잠재의식    #1, #2

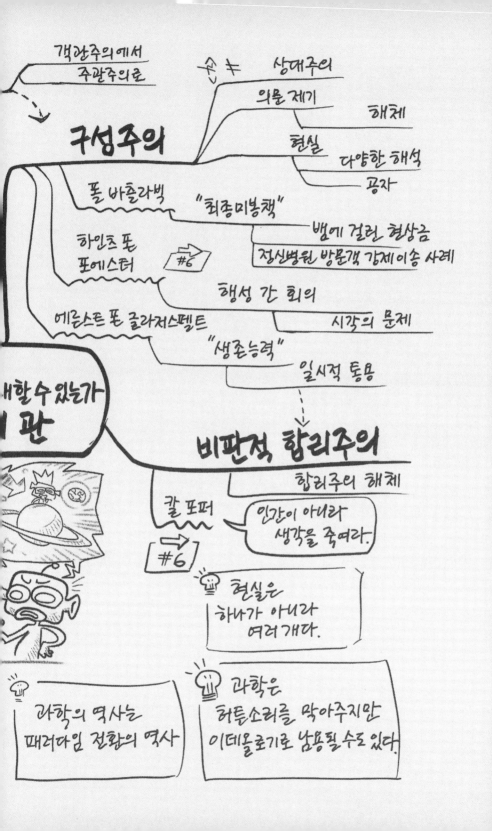

객관주의에서
주관주의로

상대주의

의문 제기

해체

현실

다양한 해석

공자

# 구성주의

폴 바츨라빅

"최종미봉책"

뱀에 걸린 현상금

정신병원 방문객 강제 이송 사례

하인츠 폰
포에스터

#6

행성 간 회의

시각의 문제

에른스트 폰 글라저스펠트

"생존능력"

일시적 통용

할 수 있는가

판

# 비판적, 합리주의

합리주의 해체

칼 포퍼

인간이 아니라
생각을 죽여라.

#6

현실은
하나가 아니라
여러 개다.

과학의 역사는
패러다임 전환의 역사

과학은
허튼소리를 막아주지만
이데올로기로 남용될 수도 있다.

제2부

우리

4장

# 친숙한 '우리'

가족, 사랑, 우정

**파트릭**　1부에서는 자아와 고유한 정체성 중심으로 논의를 전개했어. 간단히 핵심을 요약한다면 어떻게 말할 수 있을까?

**닐스**　1장에서는 근대 전체가 갔던 길을 돌아보면서 먼저 주관, 즉 생각하고 말하는 자아를 이야기했어. 중세라면 전혀 다르게 시작했을 테지. 먼저 신으로 시작한 다음, 세계와 인간으로 넘어갔을 거야.

　주관은 모든 인식과 사고, 행위의 출발점이야. 그리고 인식의 과정은 두 방향에서 전개돼. 하나는 세계를 묘사하고 설명하려고 하면서 생각을 세계로 향하는 것이고, 다른 하나는 나는 누구이고 무엇이 내 욕구이며 무엇이 내 개성을 만드는지를 물으며 시선을 나자신으로 돌리는 거지. 이미 19세기 철학에서는 '나는 누구인가?'라는 물음과 '세계를 어떻게 이해할 것인가'라는 물음이 동전의 양면이라는 것을 인식했어. 이 의문들은 외부와 내부의 여행길에 오르는 생각하는 자아인 주관에서 출발하기 때문이지. 이런 이해방식은 근대에 아주 단단히 뿌리를 내려서 오늘날까지도 각인돼 있어.

파트릭　그러면 이제 '우리'라는 개념을 생각해볼까? 먼저 정의를 내려야 할 것 같은데, 대체 '우리'란 무슨 의미일까?

닐스　'우리'라는 개념은 페르디난트 퇴니에스Ferdinand Tönnies와 막스 베버Max Weber(근대 사회학의 두 창시자)의 철학을 두 갈래로 나누어 생각할 수 있어. 공동사회Gemeinschaft의 '우리'와 이익사회Gesellschaft의 '우리'가 있으니까 말이야. 공동사회의 우리란 나라는 사람 전체를 중시하는 가족과 우정, 부부관계의 우리야. 공동사회의 우리를 나타내는 전형적인 표현은 "너는 무슨 말이든 내게 해도 좋아"라든가 "나는 언제나 네 곁에 있을게" 같은 말이지. 그러므로 공동사회에서는 개인의 측면뿐 아니라 전인적인 존재로서의 나를 중시해. 원칙적으로 나 개인에 관한 모든 것이 주제가 될 수 있다는 의미야.

　이에 비해 이익사회의 우리는 역할담당자의 집단이라고 볼 수 있어. 나라는 사람 전체가 아니라 한 단면만 중시하지. 어느 조직에서 한 사람이 맡는 직업적 역할이 그 전형적인 예야. 예를 들어 내가 병원의 외과의사라면 나의 구체적인 의학적 의무 말고 내 사생활은 중요하지 않아. 수술실 밖의 개인적인 삶 때문에 한눈을 팔아서는 안 돼. 절대로 직업에 충실해야 하니까. 외과의사가 자기 가족의 수술을 담당해서는 안 되는 이유도 그 때문이지. 공동사회의 가족적인 '우리'가 이익사회의 '우리'가 맡은 기능적 역할에 방해가 되거든.

파트릭　반대로 아버지가 특정한 역할만 수용한다고 이의를 제기하는 가족도 있을 것 같은데?

닐스　아버지가 이익사회의 역할만 받아들여서 자녀에게 전폭적인 신뢰를 주지 못하면 그럴 수도 있지.

파트릭　이유가 뭘까?

닐스　그야 아버지나 어머니의 역할은 끝낼 수 있는 것이 아니니까. 가령 "나는 9시부터 오후 5시까지만 아빠 혹은 엄마야. 그 후에는 더 이상 너를 책임질 수 없어"라고 말할 수는 없는 노릇이잖아. 하지만 자신의 역할이 외과의사라면 그렇게 말할 수도 있지, 또 당연히 그렇게 해야 하고.

파트릭　그건 그래. 무슨 말인지 충분히 알겠어. 아버지와 어머니의 역할에 대해 말했는데, 가족끼리도 역할이 다르잖아. 여기서 다시 양자병행의 한가운데로 들어온 것 같은걸. 나는 한편으로 배우자이면서 번갈아 아버지의 역할을 맡지. 경험상 나는 이 두 역할을 완벽히 구분할 수 있어.

닐스　하지만 둘 다 공동사회의 역할이야. 아내에게 "9시부터 오후 5시까지는 당신 남편이고 그 뒤에는 끝이야"라고 말할 수는 없으니까.

파트릭　하지만 아버지 역할을 맡는다고 아이들에게 내 개성 '전체'

를 투입하는 것은 아니야. 일정 부분은 아내를 위해 남겨둬야 하기 때문에.

**닐스**  그야 그렇지.

**파트릭**  그러니까 이 '전체'라는 말은 공동사회에 늘 해당되지는 않아. 우정도 그래. 아주 끈끈한 우정을 나눈다 해도 거기에는 차이가 있지. 같은 우정도 친구마다 서로 다르다는 말이야. 친구에 따라 유머도, 금기시하는 분야도 다 달라. 우정과는 전혀 다른 차원에서 말할 수도 있고.

**닐스**  공동사회와 이익사회의 역할은 서로 중복되는 부분도 많아. 하지만 내가 볼 때 이 고전적인 사회학자들이 말하는 것은, 바로 '행동의 기대치'가 사적인 공동사회 영역과 원통형의 이익사회는 완전히 다르다는 거야.

외과의사에게는 근무시간을 분명히 규정하는 것이 아주 중요해. 병원으로 출근했다가 근무시간이 끝나면 다시 집으로 돌아가야 하니까. 외과의사가 귀가해서 자녀나 아내와 맺는 관계는 환자와의 관계와는 전혀 다르지.

이익사회의 역할과 위치를 이야기할 때 우리는 직업정신이란 말을 써. 예컨대 어떤 외과의사가 장기기증이 필요한 친구를 자기 병동의 대기자 명단에서 몰래 앞 번호로 올린다면 그것은 위험한 일이야. 그렇게 공동사회의 '우리'와 이익사회의 '우리'를 혼동하는 것은 부당한 짓이라고. 그는 외과의사로서의 역할에만 충실해야 해. 다시 말해 전문가답게 불편부당한 태도를 가져야 한다는 말이야.

미국의 사회학자 탤컷 파슨스Talcott Parsons는 이 차이를 개별적 역할과 보편적 역할이라는 말로 구분했어. 개별적이란 말은 나에겐 네가 개별적인 존재로 중요하고 다른 사람으로 대체할 수 없다는 뜻이야. 아들이나 딸을 간단하게 다른 아이로 바꿔칠 수 없듯이 말이야. 하지만 외과의사는 보편적인 역할로서 다른 사람으로 바꿀 수 있어. 그가 개업하려고 병원을 그만두면 채용공고를 내서 그 자리를 충원하겠지. 하지만 가족의 경우는 당연히 이런 과정을 생각할 수 없어. 보편적인 역할은 인원을 교체할 수 있지만 개별적인 역할은 그럴 수 없다고.

**파트릭**  사실 신뢰가 전체적인 핵심이라고 생각해. 신뢰는 지금 이대로의 나를 온전히 표현하는 필수적인 전제조건이야. 나는 사람들과 공동사회가 진실하다고 신뢰할 수 있어야 해. 그리고 방금 네가 말했듯이, 나는 또 이익사회의 지평에서 모든 것을 쏟아 부을 수도 있어. 내 인격 전체를 투입하고, 마음을 열고, 내가 취약하다는 것도 보여줄 수 있지. 신뢰를 주고받으면서 말이야.

흥미로운 것은 친밀감이 실제로 문제가 될지도 모르는 맥락에서 움직일 때인데, 사제관계가 그런 경우에 해당된다 할 수 있겠네. 하지만 위계질서와 생산성이 큰 역할을 하는 다른 직업적 맥락에서도 있을 수 있어. 예를 들어 사적 관계가 실질적인 근무평가보다 우위에 있을 때는 문제가 되겠지. 족벌체제 같은 경우 말이야. 다른 직원보다 일을 더 못하는데도 내가 친한 친구를 채용한다면 결국 생산성이 떨어질 위험이 있으니까.

반대로 관계가 좋을 때는 당연히 생산성이 높아질 거야. 관계가 탄탄하다면 갈등으로 인한 시간과 에너지 낭비가 적어서 실질적으로 일에 더 집중할 수 있을 테니까.

닐스   맞아, 우리 사회에서 생산성과 효율성에 대한 생각은 매우 중요하지. 또 그런 생각이 이익사회의 우리와 공동사회의 우리라는 문제를 생각해보게 만들기도 하고. 이익사회와 그 경제적인 측면이 기능을 발휘하고 분업이 마찰 없이 돌아가게 하려면 임무를 다해야 해. 근대 이익사회가 이 보편적인 역할을 전면에 강하게 내세운 것도 그 때문이지. 많은 사람들이 공동사회에서 보내는 개인의 시간을 줄이고 사회적 역할을 늘려야만 했어. 그래서 일거리를 종종 집으로 가져가는 사람도 많아. 가족과 우정과 부부관계를 희생하면서 말이지. 가족들은 퇴근 후의 '귀중한 시간'(퇴근 후 특히 자녀와 함께 보내는 시간—옮긴이)만 눈 빠지게 기다리는 데 말이야.

파트릭   그리고 그것은 근대성과 자본주의 체제의 난제이기도 해. 온갖 수단 및 계책과 더불어 인간다움은 점점 뒷전으로 밀리거나 밀릴 수밖에 없는 상황이 되었어. 물론 기업경제나 국민경제는 생산성과 효율, 경제적 효용도 면에서 이익을 보겠지만, 그 배후에는 언젠가 인간 스스로 불필요한 존재로 위축될 위험성이 상존하고 있지. 도대체 무엇을 위해 그 모든 희생을 감수하는 거지? 대체 누구를 위해 효율적이어야 하는 거야? 일반대중을 위해서, 아님 더 높은 삶의 질을 위해서? 아니면 투자자와 비인간적인 조직의 대차대조표를 위해서인가?

닐스   사회학자와 철학자 중에서는 기능성을 기준으로 정비되는 노동계가 갈수록 공동체적 삶을 '식민지화'한다고 지적하는 사람이 많아. 이로 인해 사적인 인간관계를 효율성이라는 기준에 따라 평가하는 개인도 늘어나고 있고. xy와의 우정은 직업적인 경력에 어떤 도움이 될까? xy와 커피 한 잔 하는 게 이득이 될까? 혹은 그의 사회적 지위가 내 소중한 시간을 허비할 만큼 가치 있는 것일까?

본래 전혀 다른 기준을 가진 소중한 공동체가 이렇게 효율과 기능성을 중시하는 사고에 위협받는 거지. 물론 가족과 직업을 양립시키려는 노력도 있는데, 이건 아주 중요한 주제야. 어떻게 하면 효율과 기능성이 일상을 지배하는 현실에서 가족을 보호할 수 있을까? 아이들에게는 당연히 뛰어놀고 떠드는 시간이 필요해. 그건 시간낭비가 아니야. 성인들은 또 어떻고? 갈수록 성인들도 이런 시간을 빼앗기고 있어.

파트릭 그런 전도현상의 대표적인 예로 '난자동결보존'이란 게 있지. 수정되지 않은 여성의 난자를, 가능하면 35세 이전에, 훗날 나이 들어 임신하고 아이를 낳을 수 있도록 냉동하는 방법이야. 본래는 젊은 여성 암 환자에게 화학요법을 쓸 경우 불임의 위험이 있어 개발된 것인데 요즘 페이스북이나 애플 같은 기업에서 갑자기 이 방법으로 젊은 여성들을 유혹하고 있어. 직장 경력과 가정생활을 더 균형 있게 만들자는 게 목적이지. 하지만 극단적으로 표현하면, 젊고 정력적으로 헌신할 수 있는 나이에 먼저 직장에 충실하고 그 다음에 활력이 떨어질 나이가 되면 아이를 낳고 은퇴하라는 말이나 다름없지 않냐고.

닐스 공동체적 '우리'보다 경제적 효율을 우선하는 거지.

파트릭  바로 그거야. 조금은 무섭기도 해.

닐스  끔찍해. 그것이 가족에게는 어떤 영향을 미칠까?

파트릭  가족이라는 개념이 갈수록 해체되는 것 아닐까?

닐스  흠, 본래 가족이 뭔지 간단히 정의해보는 게 좋겠어. 근대적 정의에 따르면 가족은 두 가지 의미 즉, 생물학적·사회적 의미가 있는 공동체야. 유명한 가족연구가인 로제마리 나베-헤르츠<sup>Rosemarie Nave-Herz</sup>는 가족은 두 가지 요소가 중요하다고 강조하고 있어.

우선 번식이라는 생물학적 의미가 결정적인 역할을 하는데, 아이들이 태어나 건강하게 자라도록 양육과 보호를 해주는 것이 첫 번째야. 또 한편으로 아이들은 가정에서 자라면서 사회화되는 측면이 있는데, 말하자면 사회적 규칙과 가치, 기준을 알게 되는 거야.

이런 생물학적·사회적 특성 덕분에 가족 구성원은 독특한 성격을 지니게 되지. 요컨대 아버지나 어머니, 아들, 딸, 형제자매, 숙모, 삼촌 등등의 표현은 오로지 가족에게만 써. 가족 구성원이 아닌 사람들에게는 비유나 상징적인 의미로만 쓰지. 이처럼 가족의 공동체적 위치는 배타성을 지니고 있어.

이런 맥락에서 나베-헤르츠는 세대관계가 가정에서 결정적인 역할을 한다고 봤어. 아이가 있으면 편모와 편부도 가정을 이룰 수 있지만, 부부의 연을 맺어도 아이가 없으면 가정이라고 볼 수 없다고 말이야. 다음 세대가 태어나야 비로소 가정이 된다는 거야. 가족 간의 관계는 상호작용의 밀도와 신체적 의존성으로 표현하기도 해. 부모는 아이들을 쓰다듬어주고 기저귀를 채우고 음식을 먹이고 잠을 재우지. 이러면서 서로 깊이 교감하는 거야. 기본적인 신뢰와 행복, 기쁨과 동시에 슬픔, 불안, 분노까지 공유하지.

파트릭   그 점에서 오늘날 직업세계와의 갈등이 생겨난 것 같다. 네가 좀 전에 말한 귀중한 시간 말이야. 그 시간에 이 밀도 있는 상호작용과 신체적 접촉이 일어나. 그런데 우리는 대부분의 시간을 사무실에 앉아 있거나 때로 일거리를 집으로 가져가기도 하잖아. 그로 인해 이 귀중한 시간이 침해당하고 있고. 어쩌면 가족개념이 손상된 것처럼 보이는 이유도 이 때문이 아닐까?

닐스   그것이 독일 같은 산업사회에서 가족이 줄어드는 이유 중 하나라고. 이 문제에서 조명해봐야 할 측면들은 더 많아. 실제로 이혼율이 꾸준히 올라가고 있거든. 흥미롭게도 이것은 사람들이 가정을 삶의 형태로 과소평가하는 것과는 관계가 없어. 오히려 그 반대야. 가족의 역사를 돌아보면 가족에 실리는 정서적 무게가 점점 증가하고 있어.
　부부는 더 이상 전통적인 사회에서처럼 경제적인 이유로 맺어지지 않아. 사랑으로 결혼하고 배우자와의 관계에서 행복을 경험하고 싶어 하지. 다시 말해 이상적인 부부의 토대는 애정이라는 뜻이야. 부부에 대한 정서적인 요구도 갈수록 높아지고 있어. 부부관계가 더 이상 행복에 도움이 되지 않고 차라리 배우자 없는 삶이 더 행복할 거라는 생각이 들면 쉽게 관계를 정리하고 헤어지지. 요컨대 부부관계를 사랑의 결합으로 정의하면, 부부관계는 자기실현에 중요한 역할을 하게 되는 거야. 반면에 이런 정의는 부부의 장기적인 안정에 커다란 위험요인이 되기도 해. 아이를 갖고 싶은 바람과 관련해서 뒤따르는 문제도 그래. 많은 부부들이 직업적으로 자기실현을 하고 싶어서 처음에는 아이를 낳지 않다가 세월이 흐르면 너무 늦어서 아이를 가질 수 없게 되지. 또는 부부 둘만 사는 것에 익숙해져서 아이를 원치 않을 수도 있고.

**파트릭** 그 이면에는 내가 자세히 살펴보고 싶은 흥미로운 측면들이 많이 숨어 있어. 네가 말한 결혼의 낭만화 말인데, 정체성 형성의 요인들, 예를 들어 결혼이라는 주제를 둘러싸고 매스미디어에서 유포하는 이야기나 서사구조 같은 것들에 우리는 즉각 반응을 보여. 이런 낭만화는 음악이나 영화 같은 대중문화에서 비롯된 것 같아. 이런 문화에서는 애정·멜로물도 해피엔드가 보장되는 세계를 보여주지. 하지만 이런 세계는 이상적일지는 몰라도 현실과는 거의 일치하지 않아. 그럼에도 이런 영역에서도 변화가 감지되고 있어. 50~60년대와 요즘의 애정영화는 전혀 다른 연출을 보여주고. 오늘날 수많은 영역에 종사하는 사람들은 훨씬 복잡하고 다층적인 주제에 둘러싸여 있어. 요즘 인기를 끄는 〈브레이킹 배드〉나 〈소프라노스〉 같은 TV시리즈는 다양하게 분열된 가족상황을 묘사하잖아. 이런 작품들 속의 인간 군상이 현실적으로 느껴지는 이유는 옛날의 낭만화 덕분인 것 같아. 이런 프로그램을 보면 매일 행복을 강요받는 기분이 강하게 들어. 내 파트너를 보면 싸움은 생각할 수도 없지. 싸움을 생각한다는 건 낭만주의 전체에 의문을 품는 것이나 마찬가지니까 말이야.

**닐스** 그런 정서는 역사적으로 분류할 수 있어. 중세 신분사회에서는 무엇보다 결혼과 가족이 권력과 통치권 안정에 필요한 도구였지. 권력과 통치권은 가족끼리 직접 대물림돼 왕이나 여왕이 사망하면 왕의 자녀는 시험과 적성검사를 거치지 않고도 강제적으로 왕위계승권자가 되었어. "왕께서 승하하셨다. 왕이여 만수무강하소서!"라는 구호 아래 말이야. 다른 모든 신분도 마찬가지 상황이던 그 시절엔 무엇을 성취했는가는 전혀 의미가 없었지.

그러다가 18세기 시민혁명으로 신분사회가 무너지면서 가족의 새로운 토대가 필요해지기 시작해. 상속을 통해 사회적 신분을 대물림하는 전통은 해체되고, 그 신분에 결정적 역할을 하는 것은 개개인의 땀과 업적이라는 생각이 대신 들어섰지. 이런 생각은 시민계급의 정신으로서 오늘날까지 우리의 머릿속에 각인돼 있어. 업적과 성공을 이해하는 결정적인 토대로서 말이야. 또 정서적인 토대로 낭만적인 사랑과 함께 가족에 대한 시민적 이상이 형성되었지. 남자는 성공을 거두고 부지런하며 야심을 가져야 하고, 여자는 우아하고 아름다우며 순종하고 헌신적이어야 한다는 이상 말이야. 그러다가 현대에 들어와서 다시 분화과정이라 일컫는 변혁이 일어났고.

**파트릭** 그게 무슨 뜻이야?

**닐스** 가정이 감당했던 많은 임무를 외부에 맡기게 됐어. 마치 아웃소싱 같은 현상이 일어난 거지. 그전엔 낭만적 감정의 아웃소싱이 있었는데 대표적인 예가 교육이야. 전통사회에서는 부모가 신분 유지에 필요한 모든 것을 자녀에게 전수했지. 수공업자는 기술을 다음 세대에 전달했고, 농부는 자녀에게 밭을 경작하고 우유를 짜는 법을 가르치고.

그러다 산업화의 흐름을 타고 대기업과 공장이 생기면서 아버지는 낮에 가족을 떠나 일터로 나가야 했어. 자연히 자녀들에게 자신의 일을 보여줄 수 없게 됐지. 자녀들을 일터로 데려갈 수는 없었으니까. 게다가 직업은 더 복잡해져서 학교를 세워야 했어. 교육은 이제 가정은 물론이고 공적인 영역에서도 이루어지게 돼. 이 과정에서 삶의 단계로 청소년기도 생겨났지. 학교에 다니거나 직업교육을 받는 기간에 청소년은 성인과는 다른 고유한 생활방식을 발전시켜. 최초의 청소년 문화와 또래집단, 즉 사회집단이 형성된 거야.

19세기와 20세기를 거치면서 가족의 임무는 더욱 많이 외부에 맡겨졌어. 학교 말고도 유치원과 어린이집, 탁아소, 가족의 부담을 줄여주고 보충해주는 전일제학교, 놀이방, 방과후 보호시설까지 생겼지. 덕분에 가정은 갈수록 자녀에 대한 정서적 애착을 중심에 두는 애정의 공동체로 변화하고 있어. 이 공동체에서는 사회의 기능적 문제들에서 벗어날 수 있지.

이런 맥락에서 두 번째로 중요한 점이 흔히 말하는 다원화 과정이야. 이 과정은 (아버지와 어머니, 아이로 구성되는) 고전적인 시민가정 모델에 새로운 형태의 가정이 추가되는 현상을 말해. 아이를 혼자 키우는 편모나 편부 가정, 부모가 각자의 자녀를 데리고 재혼해서 새로운 가정을 꾸리는 결합가정 등, 다양한 형태가 있지. 현대사회에서 점점 표준이 되어가는 이런 다양한 가족형태를 다원성이라고 말하는 거야.

파트릭　그런 전개라면 거의 물결처럼 이미 이루어지고 있지 않았나? 요컨대 시민계급이 대두하기 전에는 강제결혼이라는 것이 있었어. 본인의 의사와 무관하게 혼인을 외부에서 결정하는 식의, 낭만주의적인 요소라곤 찾아볼 수도 없었지. 그 후 낭만화의 파도가 밀려왔고, 그래서 사랑의 감정이 느껴질 때 스스로 결혼을 결정해야 한다고 생각하게 됐지. 그전까지는 반드시 사랑이 있어야 한다고는 생각하지 않았어.

닐스   과거에는 사랑이 방해가 된다고까지 생각했지. 사랑은 위험하고, 결혼을 복잡하게 만들고, 부담을 준다고 생각한 거야. 혼인에 있어서는 경제적 토대가 훨씬 믿을 만하고 예측 가능하다고 본 거지. 물론 중세 사람들도 서로 사랑하기는 했지만 결코 사랑 때문에 결혼하지는 않았어.

문학에서는 이런 주제가 자주 등장해. 가족끼리 식사를 하는데 남편이 계속 처제를 쳐다보는 묘사도 있잖아. 남자가 아내 대신 처제를 사랑했기 때문이지. 19세기 초의 명작인 제인 오스틴의 《오만과 편견》 같은 소설을 보면, 정략결혼에서 연애결혼으로 넘어가는 과도기를 묘사하고 있어. 여기서 어머니는 신랑감으로 선발된 총각의 소득과 재산에 눈독을 들이지만, 딸은 정서적인 삶에 더 큰 비중을 두고 어떤 점에서는 낭만과 경제적인 조건이 어울린 윈-윈 상황을 이끌어내려고 하지.

낭만적인 사랑이 결혼의 기본토대가 된 후 사랑은 당연한 요구로서 더욱 중요한 의미를 갖게 돼. 누구나 모름지기 자신의 배우자를 사랑해야 하는 거야. 그리고 사랑의 감정이 방해를 받거나 고갈되기라도 하면 뭔가 근본적으로 잘못됐다고 생각하지. 이런 문제가 우리 시대에 아주 강력한 서사담론으로서 굉장한 정신적 압박을 주는 것 같아.

파트릭   그런데 오늘날 여러 맥락에서 볼 때, 부분적으로는 일종의 역류현상을 경험하고 있는 것처럼 보여. 직장활동을 낭만주의보다 우선할 때가 많으니 말이야. 낭만적인 만남은 그때그때의 일정표에 따라 가치를 재는 일이 많아.

닐스  나도 그런 일이 요즘 흔하다고 봐. 네가 말한 전략적인 역류현상도 흥미로워. 전통사회에서는 가족이 특정한 사회적 신분에 얽매였다면, 오늘날은 경제적인 요인에 묶여 있지. 많은 사람의 가족계획과 가정생활에 영향을 미치는 기동성의 측면과 선취특권, 활동경력 같은 요인 말이야.

파트릭  그 다음으로는 가치판단의 문제가 있어. 기본적으로는 두 가지 태도가 있지. 하나는 직업 활동이 가정생활에 짐이 된다는 관점이고, 또 하나는 그 반대 입장이야. 즉 가족이 직업 활동에 방해가 된다는 관점이지, 정자냉동보관에서 보듯이.

닐스  그렇게 느끼는 사람이 많아.

파트릭  지금까지 가족의 개념을 이야기했어. 기본적으로 가족은 생물학적으로 강하게 결속된 집단이라는 의미가 있어. 그런데 정자냉동보관에서 보다시피 이런 생물학적 요인은 이제 별로 중요하지 않아. 오늘날에는 어느 정도 인공적인 방법을 쓰기도 하니까 실제로 배우자가 꼭 필요한 것만도 아니고. 이건 흥미로운 점이야. 네가아까 부모와 아이가 가정의 3대 요소라고 했으니까 말이지. 하지만 이런 정의는 이제 무색해졌어. 예를 들어 인공수정으로 아이를 낳아서 혼자 키우는 엄마에게도 고전적 의미의 가정이란 말을 적용할 수 있겠어?

닐스   이런 신기술이 교육과 사회화에 미치는 영향도 문제로 제기되고 있지. 자신이 정자은행의 정자로 만들어졌다는 사실을 아는 아이들도 있어. 이런 아이는 언젠가 생부를 찾아 나설 거야. 내가 이것을 흥미롭게 생각하는 이유는, 내가 누구인가라는 물음이 내가 어디서 왔고 누가 나를 만들어 세상에 내보냈는가 하는 물음과 직결되어 있기 때문이야.

파트릭   네 말은 동성애 가족 같은 민감한 문제와도 연관이 있어.

닐스   동성애 가족의 토대에 문제가 있다거나, 동성애 가정에서 자란 아이들은 절대 행복하게 자랄 수 없다는 말을 하려는 게 아니야. 아이에게는 개방적이고 정직한 것이 지극히 중요하다고 믿을 뿐이지. 아이들은 자신이 어디서 왔는지, 또 생물학적 부모와 사회적 부모가 다를 때 그들이 각각 누구인지 알 권리가 있어. 아이들은 언제나 부모와의 관계를 분명히 알고 싶어 해. 이건 입양아의 경우에도 마찬가지야. 부모가 친부모가 아니라는 사실을 숨기던 시절에는 다행히 그냥 지나갔지만.

파트릭   다자간의 애정관계라는 개념이 최근에 계속 문제로 대두되고 있어. '사랑과 결혼'에서는 여전히 일부일처제 사고가 강력히 자리 잡고 있지. 결국은 한 사람만 사랑해야 한다는 생각인데, 이런 사고는 전 사회적으로 상상할 수 없는 문제를 일으키고 있어. 사랑을 에로틱한 요소로 축소시키기 때문이야.

일부일처제식 사고에서는 다수의 상대와 동시에 병행해서 나누는 섹스를 금기시해. 이때 불본 사랑은 섹스와 무관하게 전개될 수도 있어. 문제는 따뜻한 관심이지. 그리고 사랑에는 경쟁적인 측면도 아주 많아. 때로는 일과 사랑이 경쟁을 벌일 수도 있어.

어쨌든 보통의 지배적인 생각은, 애정이 중요하고 늘 한 사람에게만 이 애정을 집중해야 한다는 거야. 그런데 이런 생각이 이 시대에도 걸맞는 것일까? 혹시 이런 생각에서 문제가 발생하는 것은 아닐까?

닐스   낭만주의적인 관점에서는 섹스와 사랑의 확고한 결합을 이상적인 관계로 바라보지. 하지만 이런 결합 욕구는 현대 사회의 대표적인 문제이기도 해. 수많은 부부관계 컨설턴트는 이 분야에서 긴장 관계를 해소할 수 있는 아주 다양한 방안을 추천하고 있어. 미덕을 갖춘 부부라는 시민적인 이상으로 돌아가라고 권고하는 사람도 많고, 결혼생활에서 더 이상 외도를 엄금하거나 금기시해서는 안 된다고 주장하는 사람들도 있지. 일부에서는 이혼을 부추기는가 하면 한편에선 부부관계에서 더 인내하라고 요구하는 등 가지각색이야.

이 모든 것은 결국 자신과 타인들에게 사랑이 바탕인 된 결혼과 연관된 요구를 하는 거 아닐까. 전통사회에서도 외도는 있었어. 다만 알면서도 말하지 않았을 뿐이지. 공개된 비밀이었으니까.

지그문트 프로이트의 관점대로라면, 이 문제에서 우리의 초자아가 변했다고 말할 수 있어. 많은 사람들이 마음속에 이상적인 결혼상을 심어놓고 번번이 실망하는 이유는 그 요구를 충족시킬 수 있는 사람이 아무도 없기 때문이야.

오늘날 우리는 흔히들 무엇이든 가능하다고 말하지만, 이 문제에서는 너무 폐쇄적인 생각을 하고 그것을 확신할 때가 많아. 풍자문학가 에프라임 키숀Ephraim Kishon은 아주 극단적으로 결혼은 소득세를 제외하면 인류의 최대 실패작이라고 했어. 결혼생활은 계속해서 상대를 속이도록 강요받는다고도 했고.

파트릭   현재 일부일처제식 사고나 고전적인 가족구조와 급격히 단절한 것은 60년대라고 뚜렷이 각인돼 있어. 학생운동에서 부분적으로 발달해서 이상으로 대두된 코뮌(생활공동체)으로 그때 가정이 대체되었지.

닐스   맞아. 50~60년대에는 인습과 시민적 기준이 아주 강력했고 거대한 압력으로 작용했으니까. 자녀가 딸린 시민계급의 결혼생활, 안정된 직업과 확실한 삶이라는 이상에 대한 실용적인 대안이 없었어. 그러다가 이런 인습을 점점 의문시하면서 대안으로서의 생존방식에 대한 요구가 거세진 거야. 이후 60년대 후반의 전설적인 사회운동은 지금까지 통용되던 사회적 기준을 돌아보고 새로운 공동체의 이상을 제시했어. 이 이상은 본질적으로 개인과 공동체의 자유를 최대한 실현하는 것이야.

파트릭   이제 결혼의 기능과 부부간의 신의가 뭔지 따져볼 때가 된 것 같아. 확실히 안정이나 신뢰처럼 뭔가 중요한 기능을 하는 요인이니까 말이야. 특히 아이들이 있을 때는 부부가 서로를 신뢰해야 나중에 부담과 책임을 혼자 짊어지지 않을 수 있고.

닐스   옳은 말이야. 나도 신뢰와 안정이 기본적으로 가정에 중요하

다고 생각해. 이런 가치가 없다면 자녀와 부모 사이에 믿음이 형성
될 수 없을 테니까. 정체성을 다룬 앞 상에서 언급한 에릭 에릭슨도
기본적인 신뢰감 형성이 유아기 발달에 결정적인 역할을 한다고 강
조했어. 아이가 주변 사람들에게 갖는 신뢰감은 숨 쉬는 공기만큼
이나 중요하다는 거야. 신뢰감이 있어야 아이가 희망을 품고 세계
로 진입할 수 있으니까 말이야.

   서구문화권에서 아이가 신뢰를 통해 처음으로 유대감을 느끼는
존재는 어머니지만 다른 사람이 이런 신뢰관계를 제공할 수도 있
어. 과거 사회에서는 흔히 아이를 돌보는 하녀가 이 역할을 맡았고
오늘날에는 탁아소나 아이를 보살펴주는 사람들이 실제적인 교육
을 담당하고 있어. 하지만 이들은 자신의 보살핌이 아이의 신뢰감
형성에 도움이 되는지 아니면 방해가 되는지 상관하지 않지.

   상황이 이런데, 생후 한 달 만에 아이를 탁아소에 보내는 건 뭔가
못할 짓 아니야? 이런 보호시설에는 아이를 몇 살부터 보내는 게
좋을까? 안정과 신뢰가 없는 가정보다는 탁아소가 더 나을 수 있을
까? 또 탁아소의 인적구성은 어떻게 하는 게 좋은지? 이런 문제는
오늘날 교육학에서 집중적으로 논의 중이야.


파트릭   나는 부부간의 신의도 신뢰성의 맥락에서 봐야 한다고 생각
해. 흔히들 부부간의 신의를 성적인 일탈, 즉 외도 문제로만 축소시
켜서 보는 경향이 있어. 하지만 이런 일탈의 이면에는 배우자가 타
인과 새로운 유대를 형성해서 자신과의 유대는 쓸모없어질지도 모
른다는 불안이 도사리고 있어. 자율개방적인 관계가 존재하는 것도
이런 불안 때문이야. 이런 관계에서는 스스로 완전히 투명한 규칙
에 따르고, 서로를 절대적으로 신뢰하는 한 상대가 외도를 해도 문

제없다고 생각하지.

닐스 　미국인 심리치료사가 주관하는 연수세미나에 간 적이 있어. 많은 부부가 참여했지. 그런데 이 심리치료사가 멋진 미국인 악센트로 말하더군. "자율개방적인 관계로 산다는 것은 폭탄을 갖고 위험한 장난을 치는 거나 마찬가지예요. 아주 위험하죠. 하지만 위험한 장난이니 하지 말아야 한다는 말은 아닙니다. 다만 그런 생활을할 때는, 자신이 뭘 하는지 알고 위험을 현실적인 눈으로 봐야 해요. 그래야만 위험을 감수할 건지 말 건지 결정할 수 있습니다. 폭탄이 터진 뒤에야 놀라서는 안 되죠." 나는 이 비유가 아주 마음에 들어. 내 태도가 어떤 결과를 부르는지, 그 일이 위험을 감수할 만한 가치가 있는지 계속 의문을 제기해야 한다는 의미니까.

파트릭 　지그문트 프로이트라면 사랑에 대해 뭐라고 했을까? 충동이라고 말하지 않았을까?

닐스 　프로이트라면 분명히 성생활을 충동이라고 말할 거야. 그것도 아주 강력한 충동이라고 하겠지. 번식 충동은 삶 자체만큼이나 오래된 것이니까.

파트릭 　하지만 그 충동 때문에 사랑하는 것은 아니잖아.

닐스 　그건 그래, 모든 것을 완전히 기능적으로 볼 수도 있어. 인간은 무성번식을 하는 박테리아가 아니라 유성번식을 하는 포유류 아닌가 말야. 이런 번식법의 장점은 두 유전자 풀의 혼합으로 커다란 특징을 분산시킬 수 있다는 데 있어. 덕분에 인간은 크기도 무게도 다른 다양한 신체구조를 갖게 되지. 물론 이런 차이는 진화에 의한 것도 있지만. 인간은 모든 동물과 마찬가지로 다양한 생존조건에 아주 잘 대처하고 적응하는 능력을 가진 한편으로 동물과는 커다란 차이가 있지. 가까운 동물과 비교하자면 타고난 본능과 본성적인 도구가 빈약해. 인간에게는 모피도, 발톱이나 송곳니도 없다는 말이야.

이 때문에 인류학자 아르놀트 겔렌Arnold Gehlen은 아주 연약하고 무력한 상태로 세상에 나온 결핍의 존재가 인류라고 했어. 하지만 이 결핍 때문에 인간은 지극히 범세계적인 존재가 된 거야. 일정한 생태계에 얽매이지 않고 자신만의 환경을 만들며, 지구 어디에서나 살고 퍼져나갈 수 있게 됐지.

하지만 인간의 아기들은 스스로 독립해서 살 수 있을 때까지 아주 오랫동안 보호하고 양육해줘야 해. 어릴 때 안정적인 신뢰 구조도 제공해줘야 하고. 사랑은 이런 역할들을 다할 수 있도록 부부를 결합시켜주는 접착제로 이해할 수도 있어. 그리고 이런 접착제는 번식 충동을 아무렇게나 발산하는 대신 지속적인 부부관계 속에서 조절하게 해주지.

파트릭　그러니까 성과 사랑의 결합을 이상적인 것으로 본다는 말이네. 이런 결합은 문명화와 충동 억제의 도구이기도 하고 말이야?

닐스　그래. 또 충동 순화의 도구이기도 하고. 충동을 문화적 형태로 바꾸는 도구 말이야.

**파트릭**  그것은 순전히 충동에 이끌린 행동일 수도 있어. 아니면 이면에 다른 것이 더 숨어 있거나.

**닐스**  우리 인간은 충동에 이끌리는 자연적인 존재인 동시에 문화적 존재라는 점에서 양면적이지. 인간에겐 욕구나 열망과 동시에 역사와 문명도 있잖아. 우리는 이 긴장지대 안에서 움직이고. 아이들은 모두 둘의 균형을 취하도록 새롭게 배워야 해. 가정에서 가장 먼저 이것을 배우지. 그것이 생후 첫 해의 주요 과제야.

**파트릭**  이제 우정의 개념을 다시 짚어볼까. 우정은 사랑이나 부부관계와 어떻게 구분할 수 있을까?

**닐스**  아이들이 열두서너 살경 사춘기를 맞이하고 청소년기로 접어들면, 대부분 부모와의 강력한 결속에서 벗어나 또래 아이들과 접촉하고 싶은 욕구가 생겨. 그래서 이 연령대에서는 우정이 아주 중요해져 많은 청소년이 또래집단을 형성하거나 합류하려는 경향을 보이지. 또래란 동년배나 동등한 서열을 말하는데 또래집단은 친한 무리들로 과거에는 특정한 소통구조를 지닌 패거리라고 불렸어. 같은 눈높이의 만남이라는 특징도 있고. 또 부모와 자녀의 관계에서는 늘 위계질서가 확실하게 잡혀 있는 반면, 청소년들 사이에는 그 자체의 권력 구조가 없지. 예컨대 어머니는 언제 잠자리에 들지를 말해주지만 가장 가까운 여자 친구는 그런 말을 하지 않아. 이런 대칭적 관계 구조를 토대로 청소년들은 많은 문제를 부모보다 친구들과 의논하기를 좋아해. 첫사랑 이야기도 대개 가족 식사 자리가 아니라 방문을 걸어 잠그고 휴대전화로 털어놓는다고.

파트릭 위계구조는 친구들 사이에서도 얼마든지 있잖아.

닐스 그야 그렇지. 하지만 가정에서는 위계구조가 구조적으로 주어지는 반면, 청소년들은 또래집단에서 스스로 서열을 만들어야 해. 합의 과정을 통해서 말이야. 그리고 우정은 가족의 결속보다 훨씬 쉽게 끝날 수 있어서, 우정을 곧장 해치지 않고 친구 사이의 갈등을 다스리는 법을 배워야 하지. 윌리엄 골딩의 유명한 청소년 소설 《파리 대왕》에서는 청소년들이 무인도에 좌초된 위기상황에서 어떻게 위계질서를 세워나가는지 보여주지.

파트릭 그런 과정은 말하자면 가정을 꾸리기 위한 첫 도움닫기 훈련 같지 않아?

닐스 맞아, 그리고 또래집단에서 최초의 애정관계도 발생하지. 그러면서 자기 스스로 가정을 일구는 것이 무슨 의미인지 어렴풋이 느끼는 거야. 또래집단은 어떤 의미에서 출신가정과 성인 역할을 이어주는 접합부 같은 것이야. 종종 훈련장의 성격을 지니기도 하고. 내가 남성 혹은 여성이라는 것은 무슨 의미일까? 사회에서 나는 어떤 역할을 맡을 수 있을까? 과제를 받아들인다는 것은 무슨 의미일까? 등을 생각하는 훈련의 장 말야.

파트릭 또래집단은 또 가정구조에서 벗어나게 해주기도 하지. 말하자면 가정에서 내 역할은 처음부터 결정돼 있어. 언제나 아들 아니면 딸이지. 부모 중에 어느 한쪽이 죽지 않는 한, 집안에서 어머니나 아버지의 자리를 차지할 수는 없어. 가혹하게 들릴지 모르지만,

누구나 딸 아니면 아들이기 때문에 간접적으로는 늘 종속된 존재라고. 가족구조에서 자기 자리는 어느 정도 정해져 있지. 그런데 또래집단에서는 완전히 새로운 자리를 구하고 차지할 자유를 처음으로 맛보는 거야.

닐스 　바로 그거야. 더욱이 청소년 중에는 또래집단이 진짜 가족 같다고 말하는 아이들도 많아. 그 안에서 훨씬 풍요롭고 안정적인 관계를 경험하기 때문인데, 하지만 거기서 위험한 행동에 물들 위험성도 고려해야 해. 청소년기의 마약 사용이나 폭력은 대부분 또래집단에서 일어나니까. 갱단 같은 문제 집단에 들어가는 청소년은 흔히 가족과의 결속이 불안정해.

파트릭 　이 대목에서 폴 바츨라빅이 아주 적절하게 표현한 말이 떠오르는군. "사람은 아무리 조심해도 자기 부모를 선택할 수 없다."

닐스 　맞아.

파트릭 　그렇고말고. 지금까지 가족과 사랑, 우정 속에 존재하는 우리의 낯익은 모습을 살펴봤고, 그럼 이제 다음 장에서는 '우리'라는 존재의 어두운 심연으로 들어가볼까?

아르놀트 겔렌
"결핍의 존재"    인류학                    보편적
"세계개방성"                               개별적
충동                                       역할
문화        긴장                           #1
            탤컷 파슨스

                    기본상수

막스 베버    공동사회
#7                              차이
페르디난트    이익사회                        #4
퇴니스                "식민지화"              친숙한
                              #7           공동

중세        역사
상속                                       결혼
~18세기
낭만주의              신의
근대        일부일처제        사랑
다원화      일부다처제
          이혼율           변화
          결혼의 이상

📖 도서소개

〈오만과 편견〉  제인 오스틴 지음
〈파리대왕〉  윌리엄 골딩 지음

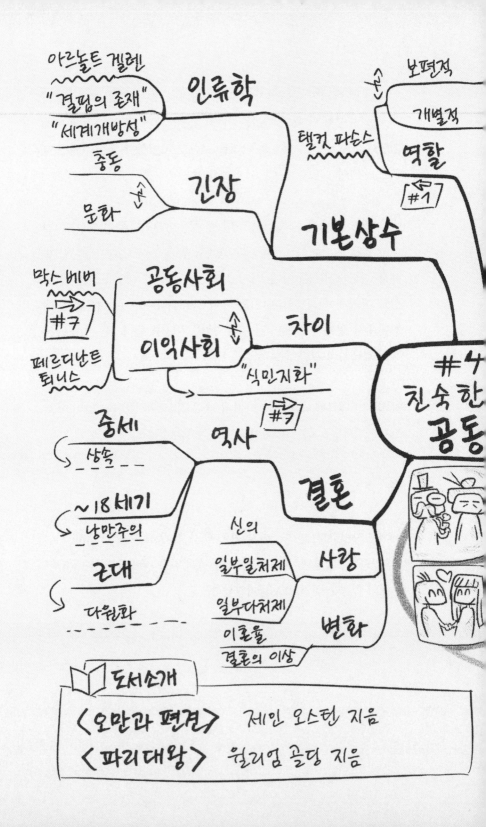

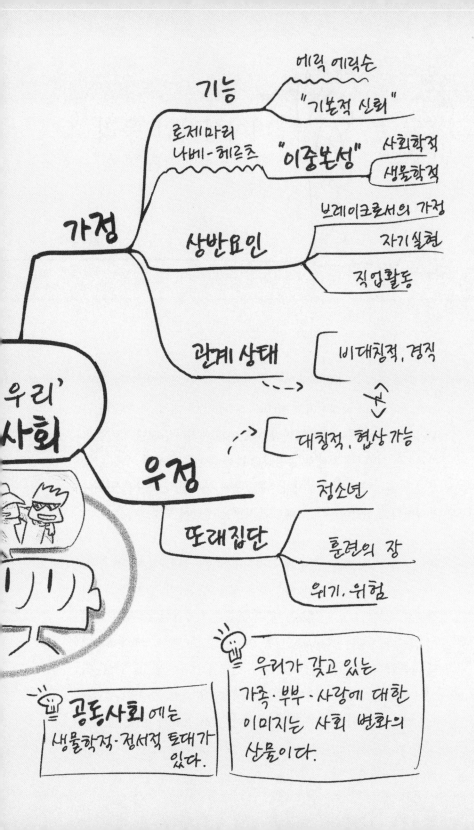

기능 ───── 에릭 에릭슨
       "기본적 신뢰"

로제마리
나베-헤르츠   "이중본성" ── 사회학적
                        생물학적

상반요인 ──── 브레이크로서의 가정
          자기 실현
          직업활동

가정

'우리' 사회

관계 상태 ── 비대칭적, 경직

          대칭적, 협상 가능

우정

또래집단 ── 청소년
        훈련의 장
        위기, 위험

💡 공동사회에는
생물학적·정서적 토대가
있다.

💡 우리가 갖고 있는
가족·부부·사랑에 대한
이미지는 사회 변화의
산물이다.

# 5장

# 비이성적인 '우리'

## 악, 권력, 폭력, 근본주의와 극단주의

**파트릭** '우리'의 핵심이라고 할 낯익은 '우리'에 대해, 즉 누구나 알고 말하는 '우리'에 대해 짚어봤는데, 이제 어리석은 모습으로 들어가볼까? 그러니까 자체로 위험성과 많은 문제를 내포한 '우리'라는 개념을 들여다보자는 말이지. 나는 주된 문제점의 하나가 언제나 폭력이라고 생각하는데, 그렇다면 폭력은 정확히 무엇일까?

**닐스** 그에 대해서는 유명한 폭력연구가 얀-필립 림츠마<sup>Jan-Philipp</sup> <sup>Reemtsma</sup>가 훌륭하게 정의했지. 림츠마는 동의하지 않은 상태에서 상대를 신체적으로 공격하는 것이 폭력이라고 했어. 이 말은 폭력이 언제나 신체와 연관돼 있다는 의미야. 모빙<sup>mobbing</sup>(정신적 테러)이나 따돌림, 차별 같은 정신적 폭력도 신체와 연관이 있지. 이것은 정신적 고통을 당한 사람들이 흔히 신체적인 비유를 써서 이 경험을 묘사하는 것만 봐도 알 수 있어. 이별이 "아프다"든가 "너는 내게 상처를 줬어" 같은 표현이 그런 예지. 신체는 언제나 정신적인 고통의 기준점이자 공명 공간이야. 정신적 폭력을 당한 사람은 흔히 심혈관계 질환이나 빈맥, 두통, 복통 같은 정신신체장애에 시달려.

**얀-필립 림츠마**

1952
문예학자, 폭력연구가

"폭력은 상대의 동의 없이 상대의 신체에 가하는 물리적 힘이자 침해다"

**파트릭** 여기서 중요한 문제는 힘이야. 자신의 이익을 관철하려는 힘 말이야. 폭력은 결국 언제나 일종의 압제행위이거나 힘으로부터 비롯될 때가 많아. 폭력을 힘의 증상으로 봐야 할까?

**닐스** 특히 폭력은 그렇지. 림츠마는 폭력에 세 가지 기본 형태가 있는데, 각기 힘의 다른 측면을 보여준다고 했어. 소유권을 놓고 힘을 행사하는 제거폭력, 신체약탈의 폭력, 즉 성폭력, 그리고 파괴적인 힘을 행사하는 자체가 목적인 (자기 목적적) 폭력이 바로 그거야.

**파트릭** 하나씩 설명 좀 해줘.

**닐스**   림츠마의 구분에 따르면, 제거폭력은 뭔가를 손에 넣기 위해 누군가를 죽이고 싶은 동기에서 비롯된다는 거야. 범죄자가 누군가를 때려눕히고 돈주머니를 빼앗는 것이나 젊은이가 노파의 지갑을 강탈하는 것은 제거폭력이지. 이때 범죄자와 그가 갖고 싶은 것 사이에는 신체가 있어. 위기상황에서 흔히 볼 수 있는 유형이야. 어떤 군대가 요새를 접수하려면 그곳을 수비하는 적군을 무찔러야 해. 제거폭력에서 중요한 점은 신체 자체를 범인과 그가 노리는 목표물 사이의 방해물로 본다는 것이야. 흔히 은행 강도가 "모두 바닥에 엎드려!"라고 외치는 것도 창구로 접근하기 위해 그 사이의 사람들을 통제하기 위해서야.

신체약탈 폭력은 전혀 달라. 제거폭력과는 신체 관련성이 다르지. 여기서는 신체를 쓰러트리는 대신 스스로 이용하는데, 대개 성적인 행위로 나타나. 그래서 신체약탈 폭력의 원형은 성폭력이야. 신체 자체가 목적이란 얘기야.

림츠마가 말하는 마지막 유형의 폭력은 폭력 자체가 목적인 폭력이야. 여기서는 타인의 몸을 강간하거나 제거하는 것이 아니라, 신체를 파괴하는 것 자체가 목적이야. 림츠마는 이런 폭력을 '무의미한 잔인성'이라고 불렀어. 걸핏하면 신문 머리기사를 장식하는 끔찍한 지하철 난동을 예로 들자면, 이런 폭력범들은 절대 피해자를 약탈하는 법이 없어. 순전히 힘에 대한 욕망 때문에 두들겨 패는 거니까. 멀쩡한 신체를 파괴하는 것 자체가 목적이야. 그래서 림츠마는 이것을 폭력 자체가 목적인 자기 목적적 폭력이라고 부르지.

**파트릭**   그 말을 들으니 의식적인 의도를 갖고 벌이는 의식적인 행위처럼 들리는데? 지하철 난동의 예에서는 폭력이 뭔가 확산되는 특징이 있는 것 같아. 애초에 난동꾼들이 무조건 한 놈만 망가트리자라는 의도를 품고 지하철로 들어가지는 않는다는 거지.

닐스   물론 처음부터 의도를 갖고 폭력을 휘두르는 경우도 많지만, 폭력 자체가 목적인 폭력은 대개 즉흥적으로 이루어져. 특히 이 세 번째 폭력에서는 힘에 대한 욕구가 막강한 효력을 발휘하지. 무엇보다 힘의 충동이 작용한다는 말이야. 상대에게 총체적인 힘을 행사하고 싶은.

이런 폭력은 나머지 두 가지 유형에도 어느 정도 역할을 해. 하지만 제거폭력에서는 은행을 습격한 후 아주 냉정하고 계산적인 범인이 말하길, 직원들에게는 개인적 감정이 없으니 누구도 해치고 싶지 않고 단지 돈만 원한다는 것을 강조하지. 이때는 폭력이 수단으로 표면화되었을 뿐, 힘에 대한 욕구라고 볼 수는 없어.

파트릭   그래도 분명한 힘의 형태 아닌가? 폭력을 행사하는 순간, 목표를 달성하기 위해 누군가를 제거할 힘이 있으니 말야.

닐스   모든 폭력범은 다른 사람에게 다소간의 힘을 행사할 준비가 되어 있어. 지갑을 빼앗으려고 노파를 쓰러트리는 사람도 "나는 누군가를 내 뜻대로 처리할 수 있다"라고 말할 수 있는 거야. 하지만 폭력 자체가 목적인 폭력을 행사할 때 휘두르는 힘에는 어떤 다른 목적이 없어. 힘을 행사하는 것 자체가 목적이지. 이때의 힘에는 그 자체를 보여주려는 것 외에 다른 의도가 없다는 말이야.

파트릭   지금 힘에 대해 이야기하고 있는데, 그럼 힘과 반대되는 무력감은 힘의 행사에 어느 정도나 역할을 할까? 폭력은 언제나 무력감에서 벗어나고 이것에 맞서 열등감에서 도망치기 위한 배출구 혹은 대응책 같은 것 아닐까? 너무 단순한 생각인가?

닐스  그렇게 볼 수도 있지. 그런 생각은 어떻게 폭력이 발생하는가라는 물음으로 이어져. 사회학적인 연구를 보면 폭력적인 청소년들은 폭력의 희생자였던 경우가 아주 많다더군. 가정에서 갈등 해소를 위해 폭력을 사용해도 된다고 배우면, 훗날 이 수단을 사용하는 경향이 흔히 나타난다는 거야. 어느 시기에 이르면, 더 이상 내가 피해자일 필요가 없고 다른 사람에게 직접 폭력을 행사해서 힘을 얻을 수도 있다는 사실을 깨닫는달까. 그 순간 피해자에서 가해자로 돌변하는 거지.

파트릭  폭력은 언제나 폭력을 먹고 산다고 할 수도 있겠지? 폭력은 폭력을 낳는다고.

닐스  맞아. 폭력에는 자기강화적인 면이 있어. 만약 폭력을 행사할 준비가 됐고 성공을 거둘 것임을 알면, 폭력의 빈도가 늘어나는 경향이 생긴다는 말이지. 이런 점에서 볼 때, 폭력이 청소년들에게 억압된 공격본능을 발산하고 '스트레스를 해소'하게 해준다는 배출구 이론도 낡은 생각이야. 그 말이 맞는다면 자주 폭력을 휘두르는 사람은 조용하고 원만한 성격이어야 한다는 얘긴데, 여러 가지로 증명되다시피 그렇지 않거든.

파트릭  배출구 이론도 부분적으로는 맞지 않을까? 어떻게든 해소시켜야 할 억압된 좌절감 같은 것이 있으니까. 복싱 경기 같은 것으로 해소할 수도 있겠지만 이것 역시 폭력적인 수단이야. 뭔가 창의적이고 예술적인 방법은 없을까? 직접 폭력적인 행위를 하는 대신, 자신의 내면을 예술적으로 표현하고 배출하는 방법 말이야.

닐스  아마 공격성과 폭력도 구분해야 할 거야.

파트릭  물론 구분해야지. 그런데 그 차이는 뭘까?

닐스  공격적인 태도는 폭력으로 이어진다고 생각하는 사람이 많은데 부분적으로 옳은 말이기도 해. 공격성은 보통 폭력의 조건이니까.

파트릭  공격성으로 채워진 항아리를 상상하면 이해가 될 거야. 쓰러지자마자 행동으로 이어지는 항아리 말이야. 항아리가 깨지면 폭력 행위가 흘러나오는 거지.

닐스  앞에서 언급한 덴마크의 가족치료사 예스퍼 율은 공격성과 폭력을 구분하는 것이 중요하다고 강조했어. 많은 부모와 교육자들은 공격적 태도가 곧장 폭력으로 이어진다고 생각하지. 그리고 폭력을 저지르면 안 되기 때문에 공격적인 태도를 억누르는 법을 배워야 한다는 거야. 그런데 인간은 공격성의 수위를 지속적으로 낮게 유지할 수 없기 때문에 이런 생각은 큰 도움이 못 돼.

　　율은 공격적인 태도를 금기시하지 말고 생산적인 방법으로 확실히 표현하라고 해. 공격성이 폭력으로 이어지지 않도록 어린이나 청소년은 분노와 좌절을 직접적이고 단순하게, 또 솔직하게 말하는 법을 배워야 하는 거고. 그러려면 어린이와 청소년에게는 이들을 진지하게 대하고 이들의 말을 들어주는 주변 환경이 필요하지. 그러면 폭력에 대해 불안해하지 않고도 공격성을 자연스러운 감정으로 평가할 수 있게 되니까. 그러지 않고 신체적·정신적 폭력을 아무 생각 없이 행사하면 공격적인 태도는 점점 더 심해질 뿐이야.

**파트릭**　다른 한편으로 폭력이 반드시 주변에 영향을 주는 것은 아니라는 점도 강조할 필요가 있어. 폭력적인 비디오게임이나 미디어 얘기가 나오면 순식간에 이런 논란에 휩싸일 때가 많지. 폭력적인 묘사를 접한다고 해서 꼭 폭력적이 되는 것은 아니야. 하지만 그런 경험이 공격성을 강화시키는 측면이 있다는 견해도 있어. 항아리를 채우는 데 영향을 준다는 말인데, 일단 항아리가 충분히 채워지면 언젠가 폭력을 행사할 확률이 높아질 수 있다고 보는 거지.

**닐스**　무엇보다 가정과 또래집단에서 폭력을 배우는 것 같아. 아이들이 현실의 본보기나 주변인과 관계를 맺는 이른바 대면접촉에서 말이야. 미디어의 폭력도 강화요인일 수 있지만 폭력적 행동이 발생하는 유일한 이유는 분명히 아니라고 생각해.

**파트릭**　다시 양자병행의 상황과 마주해야 한다는 말이네?

**닐스**　여기서 나는 정말 구체적인 교육과 사회화에 무게를 두고 싶어. 그것이 미디어보다 사람에게 더 뚜렷한 흔적을 남기니까 말이야.

**파트릭**  폭력이 소통형식 중 하나라는 명제는 어떻게 생각해?

**닐스**  네가 말했듯이 무엇보다 힘의 소통이지. 내가 누군가를 마음대로 할 수 있다는 건 자기 목적적 폭력을 통해 아주 분명히 보여줄 수 있어. 폭력을 행사할 준비가 된 청소년 갱단의 경우, 겁만 주거나 폭행을 암시만 할 때가 많아. 내가 원하면 너를 내 마음대로 할 수 있고 너는 꼼짝할 수 없다는 것을 표현하는 거지. 폭력범의 절대적인 힘은 피해자의 절대적인 무기력과 관련이 있어. 이것이 존재하는 소통형식 중에 가장 격렬한 것이고.

림츠마라면 정신적인 힘도 흔히 이런 소통형식으로 규정된다고 말할 거야. 만일 어떤 사람에게 위협을 가하고 싶으면 나는 그가 자신을 폭력의 피해자로 생각하도록 만들 거야. 스스로 폭력의 피해자라고 생각할 때 심하게 괴로워지는 이유는 신체적으로 온전한 상태가 우리의 정체성을 규정하는 데 결정적인 역할을 하기 때문이야. 만일 내가 두들겨 맞는 사람이라면 나는 단지 내 자아의 그림자에 지나지 않을 뿐이지.

직장에서 발생하는 정신적인 폭력에서도 이런 메커니즘이 작용해. 따라서 모빙도 결국 어떤 기관이나 조직에서 신체를 격리시키겠다고 위협하는 것과 다를 게 없어. 또 갈등을 겪던 부모가 아이에게 별 감정 없이 "이제 네 방으로 가"라고 말하는 것도 그 순간 아이의 신체를 격리시키고 싶다는 의미야.

**파트릭**  극단적인 폭력의 경우에는 즉시 악惡의 개념이 떠올라. 악이라는 것이 정말로 존재할까? 존재한다면 어떤 모습일까?

닐스   나로서는 폭력의 측면에서 악의 개념을 논하고 싶지 않아. 악은 대개 누럿한 이유가 없는 무의미한 폭력과 관련 있기 때문이지. 그런데 악의 개념은 행위에 대한 감정적인 반응이 매우 강하고 바로 합리적인 설명이 되지 않을 때 사용하거든. 또 상습범 같은 아주 극단적인 폭력범과 마주치면, 나는 이 사람이 얼마나 악한지가 아니라 얼마나 주변 환경에 위험한가를 물을 거야. 폭력 연구를 통해 만들어낸 지도는 갈수록 차이를 드러내고 있는 것 같아. 하지만 악의 문제는 일단 괄호 안에 넣어두더라도, 폭력의 발생 요인은 최대한 냉철하게 살펴볼 수 있을 거야. 심리학과 사회학이 특히 현대 인지학습론의 도움으로 폭력의 발생 요인을 아주 훌륭하게 설명할 수 있는 방식을 발전시켜놨으니까 말이야. 림츠마가 이 문제에 대해 한 말도 흥미로운데, 그는 자기 목적적 폭력이라는 현상을 분류하고 파악하는 일을 사람들이 유난히 힘들어한다고 했어. 모든 문화와 종교에서 악을 대표하고 구체화하는 상징과 존재를 만들어낸 것도 이 때문이야. 예를 들어 기독교 전통에서는 악마가 무의미한 잔인성의 근원이고 지옥은 이런 폭력이 깃든 장소지.

그리고 이런 형이상학적 의미에서만 자기 목적적 폭력에 그에 걸맞는 자리를 만들어주려던 건 아니었어. 사회적으로도 자기 목적적 폭력을 통제하는 동시에 지혜롭게 허용하려고 했지. 예를 들어 고대 로마에서는 가학적인 관중을 만족시키기 위해 서로 죽고 죽이는 검투경기를 벌였고, 또 19세기까지만 해도 공개처형은 오늘날의 축구경기처럼 인기를 끌었어.

림츠마는 현대사회가 개인주의화되면서 이렇게 잔인성을 드러낼 수 있는 공간이 사라져버렸다고 했어. 물론 이런 공간과 관련해서 온갖 문화가 발전하기는 했지. 그래도 오늘날 인간은 자기 목적적 폭력성을 다른 식으로 처리할 방식을 찾아내야 해. 그런데 그게 결코 쉽지 않아.

**파트릭**　너는 어떤 방식을 써?

**닐스**　제거하거나 등을 돌릴 악마를 더 이상 믿지 않게 되자 뚜렷한 적의 이미지는 내게서 사라져버렸어. 계몽주의는 온갖 방법을 통해 미신을 몰아내고 성찰하는 계몽된 인간을 세계의 중심에 올려놓았지. 하지만 이런 계몽주의적 인간처럼 성찰한다는 것은 쉬운 일이 아냐. 교회의 의식을 통해 내 죄로부터 해방되지 못한다면 나는 아마 그 의식과 맞서 싸우면서 해결책을 찾아야만 할걸.

　그래서 과학을 중시하는 현대사회에서는 '악'이라는 개념을 다루기가 힘들어졌어. 우린 더 이상 단순한 대답을 받아들일 수 없기 때문이지. 우리는 악의 근원이 우리 자신에게 있다는 것을 알고 있어. 그래서 열심히 자세하게 연구와 성찰의 길을 밟아가야 해.

**파트릭**　아무튼 더 복잡해지고, 어쨌든 그렇게 보이니 네 말을 인정하지. 어쩌면 당장 악령 이미지의 사회학적 기능을 캐물어야 하는 건지도 모르겠다. 나는 악령의 이미지가 삼라만상의 신성한 질서를 방해하는 인간의 상징이라고 생각해. 즉 추상적으로 생각할 때 악마는 질서에 의문을 제기하고 반항하는 누군가일 거라는 말이지.

　태초의 이야기에도 타락한 천사가 등장하잖아. 처음에는 질서에 따라 살면서 활동하다가 총체적인 질서와 신에게 맞섰다는 이유로 추방돼버린 신의 하인. 나는 신의 하인들 중에서 아주 뛰어났던 존재가 바로 타락 천사라고 생각해. 말하자면 이 이야기 자체가 힘을 과시하기 위한 도구라고. 이야기에 담긴 윤리가 내겐 신앙의 메시지로 들리거든. 내 눈 밖에 나지 마라, 그렇지 않으면 악의 품에 안기게 되리라는 의미로 들린단 말이지.

닐스　맞아. 너도 주변에서 그런 잣대로 평가받을 거야.

파트릭　악을 우상화하고 이상화할 때 나타나는 효과는 또 있어. 예를 들어 인간을 오도해서 유약하고 유혹에 잘 넘어가는 주체로 만드는 고전적인 슈퍼악당은 개인이 저지른 행위의 책임을 조금 줄여줘. 그래서 미개한 시대에는 초자연적인 제3의 힘이 인간의 행위를 책임지는 일이 많았어. 예컨대 악마나 악령 혹은 슈퍼악당 같은 존재에 사로잡혔다는 말이지. 자신의 행위에 더 이상 책임을 지지 않고 외부의 낯선 힘에 미루려고 했던 거지. 오늘날에도 비슷한 일은 벌어져. 흔히 정신질환에 걸리면 악마에게 씌었다고 말하잖아. 하지만 이런 병의 직접적인 원인은 근본적으로 자신에게 있다고.

닐스　임상심리학은 지난 100년간 이 분야를 계속 세분화했어. 또 정신질환이 책임과 악의 문제를 대단히 상대적인 것으로 만든다는 점을 확인했지. 그래서 어떤 정신병적인 특징 때문에 폭력 행위가 발생했다면 죄를 제한적으로 처벌해야 한다고 보게 된 거야. 이런 의미에서 특히 20세기에는 악을 단순하게 악으로 방치하지 않고, 우리가 조사하고 이해할 수 있는 중립적인 요인과 다시 결합시키려는 시도가 수없이 이루어졌어. 그 결과 과거에 악인으로 낙인찍은 사람들을 오늘날에는 도움이 필요한 사람으로 이해하게 되었고.

**파트릭** 얼마든지 그럴 수 있지만 조금 조심스럽기는 해. 유럽의 교육받은 중산층 시민이라는 우리 입장에서 보면 말이야. 특히 독일의 경우에는 더 조심스럽지. 하지만 서구문화권도 그렇고 세계적으로 보면 악을 아주 단순하게 바라보는 시각은 여전히 존재해.

9.11 사태 직후 조지 W. 부시 치하에서 악의 개념을 극단적으로 조작한 미국 정치엘리트들이 그 예인데, 당시 세계는 흑백으로, 신구와 선악으로 뚜렷하게 갈렸어. 이때 악인들이 나왔고 그들은 비인간적이었지. 그들을 지원한 자들도 똑같이 악한 세력이었고.

요즘엔 끔찍한 테러조직인 IS에서 비슷한 경우를 경험할 수 있어. 누구나 이구동성으로 이들의 행위와 목표가 비인간적이고 이들과는 말이 안 통한다고 말하잖아. 아무튼 미디어는 우리에게 그렇게 전달하고 있어. 그들의 잔혹한 행위를 본 사람은 이들이 철저하게 악하고, 중심에 죽음의 어두운 그림자가 드리워져 있다는 느낌을 받을 수밖에 없어.

하지만 이들은 거꾸로 우리를 보며 똑같은 생각을 한다고. 그들의 신앙을 따르지 않는 우리가 악마라는 거지. 우리를 더 이상 도울 수 없는 존재로, 멸종시켜야 할 존재로 본다는 말이야.

비극적인 상황에서는 사람들 눈에 이렇게 과장된 악의 형상이 활개 치는 모습이 뚜렷이 보이는 거야. 나는 바로 이런 현상이 우리를 둘러싼 갈등 상황을 자극하고 부분적으로 지속시킨다고 생각해. 물론 계몽되고 자유롭게 개방된 사회는 이런 종교적이고 근본주의적인 이데올로기에 저항하지만, 이런 사회에서도 결국엔 '십자군 전쟁' 같은 과거의 단순화한 개념의 '악'이 다시 나타나.

**닐스** 앞 장의 논조를 유지한다면, '악'은 특정 행위나 상태에 대한 도덕적 평가라고 말할 수 있겠군. 이 평가는 역사적으로 크게 변화하고 사회마다 다른 서사구조 속에, 서내한 문화 담론 속에 새겨져 있고 말이야.

캐나다의 철학자 찰스 테일러<sup>Charles Taylor</sup>는 이 차이를 아주 정확히 분석했어. 그의 견해에 따르면 한 사회를 지배하고 있는 도덕적인 확신과 윤리는 '자아의 원천'을 형상하는데, 다시 말해 인간은 사회화되면서 각각의 문화에 뿌리 내린 기본적인 세계관을 받아들인다는 뜻이야. 이 가치에 따라 우리의 본질과 세계를 이해하는 방식은 달라지겠지. 이런 세계관에는 누가 혹은 무엇이 선하고 악한지에 대한 판단도 포함돼.

**파트릭** 이런 귀속성은 (과거처럼) 여전히 힘을 행사하고 폭력을 정당화하는 아주 중요한 도구지. '악'은 탈인간화의 역학을 따르기 때문이야. 내가 누군가에게 '악'이라는 딱지를 붙이면, 그는 전혀 다른 인격적 특징과 면모를 가지고 있어도 바로 그 순간 더 이상 인간이 아니게 돼. 그 순간 나는 평화적인 대화 가능성은 아예 차단해버릴 거야. 돼지나 비인간, 악마 같은 탈인간화된 적의 이미지를 아주 분명히 마음속에 품었기 때문이야.

**닐스** 그래서 '악하다'는 것은 논란의 여지없는 명쾌한 개념이 될 수 없어. 그런데도 우리는 이 말에 집착해서 단순하게 떨쳐버리지를 못해. 하긴 인간의 실존적인 자기이해가 걸린 문제니까. 자유로운 존재만이 악한 짓을 행할 수 있거든. 임마누엘 칸트는 인간이 삶과 행위 속에서 서로 관계를 맺는 상대에게 이런 기본적인 자유를 인정해야 한다고 말했어. 안 그러면 함께 살아갈 수 없다는 거야.

하지만 자유에는 인간이 도덕적인 판단을 내리는 능력을 활용한다는 의미도 포함돼. 자신은 물론 타인을 판단하고 서로 책임을 지는 거지. 그리고 삶에서 계속 도덕적인 질문을 던지는 거야. 내 태도에는 아무 문제가 없었나? 내 행동에 대해 사과해야 하는 건 아닐까?

임마누엘 칸트

1724 - 1804
계몽주의 철학자

"계몽은 인간이 자초한 미성숙 상태에서
벗어나는 것이다"

파트릭   여기서 네가 말한 '악하다'라는 형용사와 '악'이라는 명사를 구분해야 할 거야. 어떤 행위를 악하다고 평가하는 것은 내 생각엔 별 문제가 안 돼. 다만 당연히 전후맥락을 보고 판단해야지. 예를 들어, 육식을 악하거나 부도덕한 행위로 보고 육가공회사를 '살인자'로 표현하는 사람이 있어. 반면 주류 사회는 육식행위를 정상으로 보지. 내가 볼 때 정작 큰 문제는 개별 행위를 인간 전체의 모습으로 보고 거기서 각각의 사람을 판단하는 것이야. 그러면 모든 논의의 토대는 여기서 끝나버려. 자명하지 않고 복잡하며 다층적인 인간을 갑자기 분명한 성격을 지닌 슈퍼악당으로 만들어버리니까. 이러면 당연히 악마와는 토론할 필요가 없다고 생각하게 되지. 누가 그러고 싶겠어?

닐스  뭐에 대해서 말야?

파트릭  뭐든 마찬가지야. 좋은 일은 있을 수 없으니까.

닐스  여기서 악마의 개념을 대략 구분할 필요가 있겠군. 우선 네가 타락 천사라고 말한 악마가 있어. 성서에는 또 사탄의 형태로 등장하는 악마가 있지. 훨씬 오래되었고 신의 적수로 태어난 것처럼 보이는 존재야. 언제나 악한, 신의 영원한 적대자, 혼돈과 저주로 피조물을 위협하는 존재 말이야.

파트릭  히브리어에서 사탄은 '적수', '고발인', '적'을 의미해.

닐스  피조물의 적이자 신의 적이지.

파트릭  흥미롭게도 도교나 불교 같은 다른 세계관에서는 선과 악을 어느 정도 동등한 권리를 가진 가치로 봐. 두 가치가 존재의 합을 이룬다고 보는 거지. 또한 선과 악은 서로 영향을 주는 의존관계에 있고 경우에 따라서는 두 가지가 다 필요하다고 생각해. 흑과 백, 음과 양이 그렇듯이. 혹시 이런 견해는 다양하게 해석할 수 있는 악의 오명을 깨부수려는 시도가 아닐까?

닐스  얼마든지 그럴 수 있지. 이것을 보면 문화에 따라 악을 다양한 방식으로 대하는 것을 알 수 있어. 때론 선과 악을 영원한 형이상학적 대립항으로 보는가 하면, 어떤 철학과 종교에서는 악을 단일한 통일체 속으로 통합하려 하기도 하지.

서양철학에서는 관념론의 대가인 게오르크 빌헬름 프리드리히 헤겔Georg Wilhelm Friedrich Hegel이 그런 시도를 했어. 헤겔은 세계사에서 변증법을 찾아낼 수 있다고 믿었지. 모든 이념과 사상, 사건에는 대립하는 것이 있다는 거야. 그는 이것을 테제와 안티테제 사이의 모순이라고 불렀고, 세계사의 흐름 속에서 테제와 안티테제가 해체돼 발전을 나타내는 진테제로 합쳐진다고 확신했어. 그 생성과정에서 대립이 해소된다는 거야.

그러므로 악이 부정적인 원리여도, 헤겔이 보기에는 의미 있는 기능을 하는 것이지. 세계적 사건의 역동성을 유지시켜주니까 말이야. 헤겔의 친구인 요한 볼프강 폰 괴테Johann Wolfgang von Goethe도 그런 관념론자였어. 괴테의 《파우스트》에서 메피스토는 그가 누구인가라는 질문에 이렇게 대답하잖아. "끊임없이 악을 원하고 동시에 선을 행하는 힘의 일부지." 이런 철학은 당연히 상상할 수 없는 고통을 안겨준 두 차례의 세계대전 이후에 엄청난 비판을 받았어. 그래도 이런 생각들은 악을 이해하고 올바로 다루기 위해 얼마나 치열하게 싸우고 있는지를 보여주는 예들이야.

게오르크 빌헬름 프리드리히 헤겔
1770 - 1831
철학자, 마지막 대 형이상학의 창시자
"진리는 전체다"

파트릭   지금까지 힘의 형태로서 폭력이라는 메커니즘을 이야기했는데, 악은 변칙을 높이 평가하고 나름의 폭력을 정당화하기 위한 일종의 힘의 도구일 수도 있어.

이 도구를 보면 사회적으로 폭넓게 형성된, 모든 것을 매우 강하게 결합하는 현상이 바로 눈에 들어올거야. 바로 어떤 이데올로기, 즉 통제를 벗어난 세계관이야. 근본주의 말이야. 이 개념을 좀 간결하게 설명해줄 수 있을까?

닐스   먼저 어원을 정확히 알아야 해. 이 용어는 흔히 생각하듯 무슬림 전통이 아니라 기독교에서 유래한 말이야. 20세기 초 미국 서해안에서 개신교도가 운동을 전개하는 과정에서《근본원리》라는 에세이집을 발행했지. 자유주의 노선과 현대 신학에 반기를 드는 내용이었어. 여기에 실린 글은 일제히 성서의 엄격하고 배타적인 권위를 요구하면서 성서에 소개된 모든 이야기가 진실이라고 열렬히 주장했지. 이런 토대에서 엄격한 윤리규범을 표명했는데 예수 그리스도에 대한 전도를 중심에 둔 거야.

오늘날 비슷한 주장을 하는 모든 종교적 사조들이 '근본주의'라는 개념을 사용하고 있어. 근본주의는 무엇보다 성서를 글자 그대로 받아들이고, 텍스트에 대한 모든 해석이나 해설을 배척해. 신의 말씀을 텍스트가 만들어진 역사적·문화적 상황과는 무관하게 축어적으로 이해하지. 근본주의적 의미에서 종교의 경전은 모든 시대에 통용되고, 그 속에 쓰인 규칙은 어느 문화와 사회에서든 무조건 따라야 하는 거야.

파트릭   하지만 '글자 그대로'라는 것이 어떻게 가능해? 해석이 없이는 아무것도 이해할 수 없는데 말야. 가령 내가 "어머니"라고 말하면 그 즉시 독자들은 수없이 많은 연상을 하고 나름대로 평가를 할 거라고. 마치 가능한 해석은 단 하나밖에 없는 것처럼 생각하면서 말이야.

내 말은, 해석을 안 할 수 없다는 거야. 인간의 전반적인 사고란 생각과 느낌의 네트워킹과 해석을 기반으로 하잖아. 나는 근본주의자들이 이런 도그마와 주장을 힘의 도구로 사용한다는 게 엄청나게 흥미로워. 모든 도그마는 동시에 전체적인 이념과 운동, 주장 자체에 대한 일종의 방어기제를 내포하고 있기 때문이야. 도그마는 언제나 교양을 차단하는 자동적인 봉쇄조치이자 교양과정을 막는 방패 격으로, 당연시되는 것들의 이면을 파고드는 비판적인 물음은 절대 금한단 말이지. 이러니 오늘날 미국에서 다윈의 진화론을 교과과정에서 제외하는 문제를 둘러싸고 개신교 근본주의자들이 맹렬하게 싸우는 거라고. 진화론은 천지창조라는 이념에 방해가 되니까는.

닐스   진화론을 주장하면 처벌받기도 해. 극렬 근본주의자들의 수단은 교양의 과정을 억압하는 정신적·물리적 폭력일 때가 많아. 종교적 근본주의는 순수한 종교를 넘어서는 모든 실천을 통제하고 심지어 근절하고 폐지하려고까지 들어. 문학이나 미술, 음악, 철학, 과학은 근본주의적인 신앙기조에 어긋나지 않을 때만 존재의 정당성을 인정받지. 이런 논리에 따라 다수의 급진적인 분파들은 다윈의 진화론을 부정하고 그 거짓의 가면을 벗겨버리겠다고 설쳐대고 있지. 놀랄 일도 아니야.

**파트릭** 혹시 근본주의가 많은 사람에게 인기를 끄는 이유가, 점점 자유롭고 다원화되는 동시에 갈수록 복잡하게 뒤얽히는 것처럼 보이는 사회에 대한 대응모델로서 이것이 단순하고 안정적으로 보이기 때문은 아닐까?

**닐스** 그렇게 말하는 종교사회학자들도 많아. 근본주의는 아무튼 처음에 다원화와 세계화의 과정에서 나왔어. 다른 문화와 접촉이 적었던 시대의 종교는 비교적 단일화되어 있었고 인간에 대한 신뢰도 높았어. 서구에서도 60년대까지는 시골에서 일요일 오전 예배에 참석하지 않으면 금세 눈에 띄었지. 그러다가 현대화 과정에서 다른 세계관과 종교가 접촉하면서, 사회학자 피터 루드비히 버거Peter Ludwig Berger가 '인지오염'이라고 부르는 현상이 자주 발생하게 돼. 다시 말해 그때까지는 현실이 아주 확고하게 여겨졌는데, 갑자기 생각과 믿음이 다른 사람들이 존재하는 상황에 맞닥뜨린 거야. 이로써 세상을 다른 방식으로 볼 수도 있다는 점을 갑자기 혹은 점진적으로 아주 분명히 깨닫게 됐지.

이런 과정은 당연히 세계적 미디어를 통해 엄청나게 가속화되고 강화돼. 이제 종교는 이런 상황과 이런 상황이 낳은 긴장에 대처할 다양한 방법을 찾아내야 했어. 그중 하나가 고유한 신앙노선과 종교적 전통, 그와 결합된 외래문화에 대한 거부감을 극렬하게 표출하는 근본주의야. 이런 태도는 급기야 이교도로 보이는 대상을 향해 폭력을 불사하는 극렬 근본주의로 확대되었고.

이런 현상을 보며 버거는 전통주의와 근본주의는 큰 차이가 있다고 강조했어. 전통주의는 (여전히) 다른 종교와 접촉하지 않았기 때문에 외래문화에 적절히 대처하는 문제를 고민할 필요가 없다는 거야. 이와 달리 근본주의는 이미 다른 생존방식이 있다는 인식에서 나온 반응인 셈이지. 그래서 근본주의와 근대성은 서로 불가분의 관계에 있는 거야.

**파트릭**  내 생각에 근본주의의 본질적인 특징인 보상에 대한 약속이 직접 '낯익은 우리', 즉 가정과 우정, 사랑, 동맹으로 사람들을 이끌어가는 것 같아. 이렇게 엄격하면서도 단순한 규칙을 따를 때 거기에 소속되기 때문이지. 계약을 맺는 거야. 동맹에 가담해서, 미국 마피아가 상투적으로 표현하듯 한 가족이 되는 거야. 내가 볼 때는 이것이 모든 근본주의 운동의 특징이야. 그렇지 않으면 그런 폭력적인 형태로 절대 성공 못했을 거야. 점점 다원화되는 사회적 요인 외에 사회나 공동체의 결속력 붕괴도 중요한 역할을 한다는 말이지.

**닐스**  그리고 그 점이 다시 정체성이라는 문제에 관심을 기울이게 만들어. 근본주의적인 세계관을 가진 사람들은 '나는 누구인가?'라는 결정적인 물음에 더 쉽게 대답할 수 있어. 그들의 세계는 한눈에 파악할 수 있을 만큼 아주 작으니까. 그들에게 세계의 모든 지도는 과거의 인식 상태로 환원되고, 삶도 통제할 수 있는 것처럼 여겨질 거야. 끊임없이 올바른 길을 고민해야 하는 현대인들에게 근본주의가 매력적으로 비치는 것도 그래서라고, 난 생각해.

**파트릭**  좀 과장하면 근본주의자들은 자신의 정체성을 포기하고 그걸 집단과 운동에 넘겼다고 할 수 있어. 자신과 자신의 정체성을 거기에 내던지는 거지.

닐스   즉 내가 누군지를 다른 사람에게 말하게 함으로써 내가 누구인지 알게 되고 이런 방법으로 정체성 인지의 과세에서 빗어닌다는 거야.

파트릭   그 말은 근본주의가 정체성의 문제를 위협적으로 처리하기 위해 나선다는 뜻이야?

닐스   한 가지 개념에 몰두한 뒤에 그것에 완전성을 부여함으로써 내가 명백한 개념을 얻는다면, 여기서는 일정한 견해나 그런 견해를 대표하는 사람에게 맡겨서 대답을 구하는 거야. 칸트가 말한 계몽주의처럼 '인간이 자초한 미성숙 상태에서 벗어나는 것' 같은 형태는 아니지.

파트릭   근본주의와 극단주의는 차이가 있는 것일까?

닐스   오늘날 근본주의라는 개념은 무엇보다 근본주의에 해당하는 종교적 현상을 설명할 때 사용해. 그와 달리 정치적으로 급진적인 현상이나 운동, 예컨대 극우파 노선 같은 경우에는 극단주의라는 말을 쓰지. 청소년 극우파는 유년기와 청소년기에 평균 이상의 폭력과 따돌림, 차별을 경험하고 나서 주류사회에서 열등감을 느껴.
  폭력연구가 빌헬름 하이트마이어 Wilhelm Heitmeyer는 '인격분열'이란 말을 하는데, 청소년들이 사회에서 유익한 역할을 맡을 기회가 없음을 깨달으면 자신을 인정하고 필요로 한다는 느낌을 주는 극단주의 하위문화로 향할 수 있다는 거야. 이런 배경에서 극단주의는 근본주의 개념보다 더 포괄적이라고 봐.

**파트릭**  극단주의에서도 자동적으로 항상 폭력이 부각될 것 같은데.

**닐스**  맞아, 나도 그렇게 생각해. 극우파를 봐도 언제나 폭력이 핵심 역할을 하니까. 물론 대외적으로 폭력적이지 않은 극단주의 집단도 있지만 구성원을 괴롭히고 굴욕적으로 다스린다는 점에서는 다를 게 없지. 일부 극단주의 분파에서는 전형적인 현상이야.

**파트릭**  전체적으로 종교의 싸움, 세계관의 싸움, 지정학적 이해 다툼이라는 대주제가 있고, 인간의 내면에 소근본주의 같은 현상이 있는 거로군. 소규모 근본주의랄까. 그리고 전에 다른 주제로 대화할 때 근본주의에서는 언제나 신성한 대상이 중요하다고 했는데, 소근본주의에 대해 이야기하기 전에 그 부분을 다시 간략하게 설명해줄래?

**닐스**  알았어. 신성의 개념은 철학과 사회학에서 일종의 르네상스를 경험하기도 했어. 특히 앞서 언급한 캐나다의 철학자 찰스 테일러를 통해서였지. 그가 말하는 개념은 지금까지 우리가 생각한 것에 아주 잘 들어맞아. 테일러도 지도라는 개념을 사용하거든. 그의 말인즉슨, 인간은 세계지도뿐 아니라 내면에도 선악을 보여주는 지도를 그린다는 거야. 그 때문에 이런 스케치를 그는 '도덕적 지도'라고 부르지. 그에 따르면, 인간은 세계를 절대 중립적으로 보지 않고 언제나 세계를 평가해. 그리고 이런 평가에 따라 진짜 지도 같은 내면의 지도가 만들어진다는 거야. 거기에는 언덕이나 경사지도 있고 산이며 바닥이 고른 평야도 있어. 가장 높은 산봉우리는 인간에게 가장 중요한 사물과 이념을 나타내는데, 테일러는 그것을 인간의 '지고선'이라고 불러.

　많은 사람에게는 사랑과 정의, 자유 같은 것이 지고선이야. 혹은 부와 사회적 인정, 명성, 권력욕 같은 것도 마찬가지고. 근본주의자들에게는 바로 그들의 종교에 대한 정통신앙이 지고선이지. 이런 것들을 인간은 신성하게 여겨. 그래서 그것을 기준으로 인간의 사고와 행위를 평가하지. 그런 의미에서 종교적인 사람이든 아니든 누구에게나 분명한 지고선이 있어. 도덕적 지도에서 다른 무엇보다도 높이 우뚝 서 있는 최고봉 같은 것 말이야.

**파트릭**　그러면 이 '소근본주의'를 소규모의 신성과 같은 것으로 봐도 되겠네? 거창한 세계관일 필요는 없어. 사소한 문제와 동기 때문에도 친구관계 전체가 망가질 수 있으니까. 이웃 간에 흔히 벌어지는 담장싸움처럼 말이지. 그리고 내 생각에 근본주의에서 가장 중요한 특징은 토론을 종결시키는 지점이 있다는 거야.

**닐스**　나도 그렇게 생각해. 이에 대한 적절한 예가 1521년 보름스에서 소집된 제국의회에서 마르틴 루터가 했다는 말이야. "나는 여기서 있고 달리 어쩔 수 없다." 비록 이 문장은 절대 현실과 부합되는 것은 아니었지만 중요한 것을 잘 표현하고 있어. 지고의 가치와 이상은 너무 소중한 것이라 어떤 경우에도 저버릴 수 없다는 말이지. 이런 자산이 우리 정체성의 토대야. 그리고 그것을 잃어버리면 우리의 인격 전반에 문제가 생길 거야.

　이런 맥락에서 테일러는 인간의 심층적인 가치결합은 인간관계와 구조가 비슷하기 때문에 그 근거를 논증하는 것이 결코 쉽지 않다고 강조해. 내가 누군가를 사랑할 때, 어떻게 그것을 순전히 논증으로만 설명할 수 있겠어? 물론 유난히 마음에 드는 그 사람의 특징을 열거할 수는 있겠지. 하지만 그것만으론 누구에게도 그 상대를 사랑하도록 설득할 수 없어. 이런 배경에서 사회학자인 한스 요아스Hans Joas는 인간이 가치를 의무로 삼는 것은 사람에게 자신을 전심전력으로 내맡기는 것과 같다고 강조하지. 그리고 이런 형태의 결합은 대단히 정서적이야.

하지만 가치결합은 나쁜 결과를 초래할 수도 있는데, 그렇게 되면 우리는 다시 폭력과 극단주의라는 문제와 마주하게 될 거야. 울리 에델 감독의 영화 〈바더 마인호프〉를 보면 독일 적군파 여성 테러리스트 구드룬 엔슬린이 흥미로운 말을 해. 담론에서 빠져나오는 것이 중요하다고. 이 말은 사람들이 토론을 중지해야 한다는 의미야. 토론에서 그들의 이데올로기가 의문시될 때 의지가 약화되기 때문이지. 엔슬린은 그들의 세계관이 오염될 위험성으로부터 그들을 보호하고 싶었던 거야. 여기서도 중요한 것은 수호해야 할 지고선이고.

이런 태도는 내 기본적인 가치관을 공유하지 않는 사람들에 대한 거부와 제거로 이어질 수밖에. 그런 의미에서 지고선은 위험하기도 한데, 무엇과도 비길 데 없이 중요한 것이니까 말이야. 우리의 가치와 기본입장을 대하는 우리의 태도에 따라 지고선은 소극단주의로 흐를 수도, 그렇지 않을 수도 있어.

다른 사람의 가치결합도 인정하고 대화를 통해 일치점을 찾아나가는 게 좋을까, 아니면 고립을 자초해가며 내 생각에 따르지 않는 모든 것을 무시해야 할까? 한스 요아스는 특히 종교 영역에서는 흥미로운 해석이 가능하다고 말했지. 특정 종교 전통에서 가치는 어떻게 표현되고 있을까? 다른 종교에서도 외형만 다를 뿐 아주 비슷한 가치를 표현하고 있는 것은 아닐까? 우리를 곧장 민주주의와 인권에 대한 물음으로 이끄는 흥미진진한 관섬이 아닐 수 없어.

**파트릭** 우리 두 사람과 독자들이 머릿속으로 계속 토론해봐야겠군. 이성적인 '우리'로 깊이 들어가서 말이야.

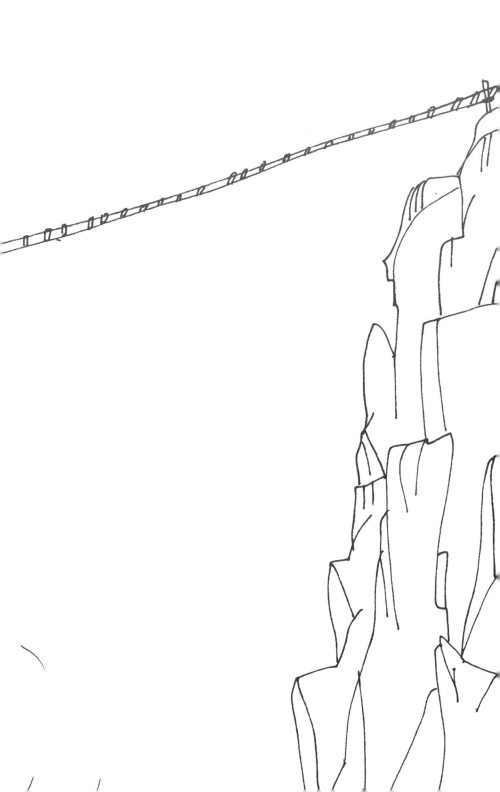

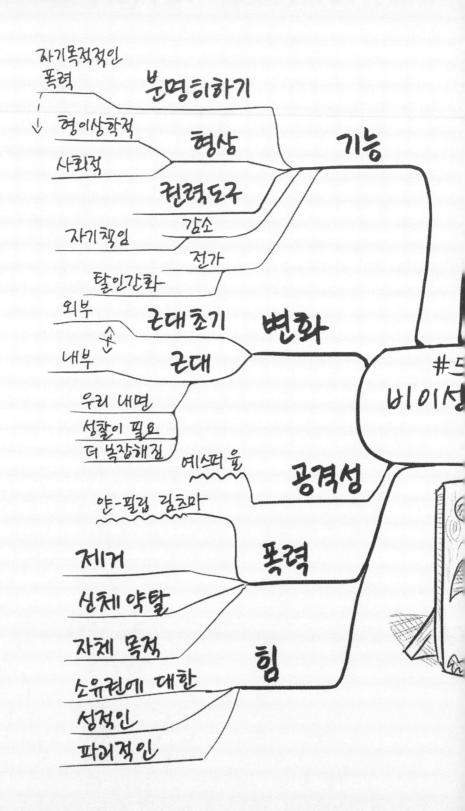

자기목적적인
폭력

분명히하기

↓ 형이상학적
사회적

형상

기능

권력도구

자기책임    감소
           전가
        탈인간화

외부    근대초기    변화
내부    근대

우리 내면
성찰이 필요
더 복잡해짐    예스퍼 욜

#5
비이성

얀-필립 김초마    공격성

제거    폭력

신체 약탈

자체 목적    힘

소유권에 대한
성적인
파괴적인

찰스 테일러 도덕 "지도"
"지고선"

#6 →

허겔 변증법 테제 ←
진테제
안티테제 ←

필연성 불가피 자유의 일부
기독교

근본주의 뿌리
종교적
≠ 전통주의

피터 루드비히 버거 "인지오염"

#8 →

'우리' 도그마 명백한
해석의 여지 없음

악 회귀 단순성
정체성 포기

극단주의 일체를 포괄하는
정치적인

💡 폭력은 악의 개념으로 설명 가능하다.

💡 근본주의는 면역이라도 된듯 이성이 통하지 않는다.

6장

# 이성적인 '우리'

도덕, 민주주의, 열린사회

**파트릭**　앞 장에서는 비이성적인 '우리'에 대해 자세히 이야기해봤어. 악이나 폭력 모두 안 좋은 것들이지. 그러면 이제 이성적인 '우리', 이성적인 사회로 말머리를 돌려볼까? 대체 이성理性이란 무엇일까?

**닐스**　이성은 정의 내리기 정말 어려워. 너무 근본적인 문제라서 그래. 아주 형식적으로 말한다면, 이성은 논리적인 추론의 힘으로 세계의 상호영향 관계에 대해 가설과 이론을 세우는 인간의 능력이야. 더 간단히 말하면, 이성은 가정을 세우고 비판적으로 검증하며 단순하게 허무맹랑한 주장을 하지 않는 것이라고도 할 수 있지.

**파트릭**　이성의 개념은 인류 역사에서 언제 처음 등장했지?

닐스　아주 오래됐어. 고대 그리스 철학에도 있었는데 아주 유명해진 건 계몽주의 시기야. 계몽주의에서 가장 유명한 철학자 임마누엘 칸트가 이성을 철학의 왕좌에 앉혔지. 칸트는 이성이 인간의 가장 고귀한 수단이자 최고의 도구이며 가장 날카로운 무기라고 했어. 이렇게 막강하기 때문에 이성은 단순한 수단에 그치지 않아. 발견과 발명에도 이용되고, 도덕적·윤리적 사고와 행위를 위한 지침 역할도 하지.

파트릭　방향을 잡아주는 나침반 같은 것이라는 말인가?

닐스　맞아. 문제를 해결하고 세계 속에서 방향을 찾게 해주는 일종의 나침반이자 기본 기능이라고 할 수 있어. 동물에게 본능이 있다면 인간에게는 이성이 있다고 칸트는 말했지.

파트릭　나침반이 없다면 무슨 일이 벌어질까? 이성의 반대는 무엇일까? 이 답을 알면, 이성 개념의 범위를 조금 좁힐 수 있을 것 같은데 말이야.

닐스　칸트는 불합리를 미성숙과 연관 지어 생각했어. 이성을 팽개치면 인간은 쉽게 조종당한다는 거야. 이성을 이용하지 않고 스스로 생각하지 않으면 다른 사람의 생각을 그대로 받아들이게 되거든. 그러면 흔히 예속과 부자유에 이르지. 예를 들어 중세에는 교회가 여러 분야에서 인간의 생각을 아주 강력하게 지배했어. 이성을 펼칠 기회가 전혀 없을 때가 많았지. 이런 맥락에서 '계몽은 인간이 자초한 미성숙 상태에서 벗어나는 것'이라는 칸트의 말을 되새겨볼 필요가 있어. 인간은 이성적인 존재라서 이성을 과소평가하면 실제 이하로 왜소해진다고. 하지만 용기를 내어 스스로 생각하기 시작하면 지배력이 생기지. 자기 의견이 생기고 스스로 결정을 내리게 돼. 물론 실수도 하지만, 교양을 쌓는 과정을 통해 스스로 더욱 자유로워지고 자신감도 갖게 되지. 이것은 칸트가 인류에게 한 약속이야.

**파트릭** 꽤나 흥미로운 약속인걸. 이단자가 돼도 괜찮다는 거니까 말이야. 당시의 교회가 철저히 이성적이었다고 가정해보자. 이성적 지시만 내리고 민중은 그 이성적인 지시를 따랐다 치자고. 그랬다면 칸트는 이것을 문제없다고 생각했을까?

**닐스** 당연하지. 이성은 이성에 찬성해야 하니까. 하지만 뭐가 철저히 이성적인 걸까? 개선의 여지가 있는 것은 언제나 존재하는 법인데 말이야.

**파트릭** 그래서, 당시 교회의 주장이나 가르침과 마찰이 있었겠네?

**닐스** 그랬지. 그는 많은 철학적 교리를 비판하기도 했어. 이성은 비판적인 시험과 견해, 제도도 가능하게 하니까. 정치와 종교, 경제에만 해당하는 것이 아닐뿐더러 사적 혹은 공적인 이해관계에도 통용되는 원리지. 나는 누구를 지지하고 반대해야 할까, 어떻게 내 견해를 관철시킬 수 있을까 하는 문제에도 말이야.

**파트릭** 칸트는 불합리의 예도 설명해줬어? 아니면 이성만 설명했나?

**닐스**  칸트는 무엇보다 이성을 설명하는 데 집중했어. 그가 볼 때는 무조건 단순히 권위에 복종하는 것이 불합리한 태도일 거야. 이성은 내 길을 가게 해주는 시험수단이자 나침반이지. 그래서 이성을 따르면 보너스처럼 자율성을 얻게 된다고 칸트는 말했어.

**파트릭**  비유하자면, 나침반이 작동하는 데는 지구의 자기장 같은 자연법칙이 필요해. 칸트가 말한 이성에도 자연법칙 같은 것이 필요한가?

**닐스**  필요하지. 칸트는 이성이 인간에게 경험과 인식을 얻을 수 있는 특정 카테고리를 제공한다고 했어. 공간과 시간, 원인, 효과는 경험의 결과가 아니라 경험을 가능하게 해주는 것들이야. 이런 카테고리를 우리의 사고 속에 담지 못하면, 자신과 세계에 대한 의문을 발전시킬 수 없을 거야. 이런 '선험적 카테고리'를 사실상 이성의 기본조건으로 볼 수도 있지.

　하지만 나침반이라는 이미지는 칸트의 도덕철학과 훨씬 더 잘 어울려. 우리 행위가 지향해야 할 일종의 윤리적 북극이라고 할 그 유명한 정언명령 말이야. 그것은 '그대가 하고자 하는 것의 원칙이 동시에 어느 때나 보편타당한 입법의 원리가 되게 행하라'고 하지. 좀 이상하게 들릴지 모르지만, 절대로 이해하기 어려운 것은 아니야. 모든 것을 결정하는 것은 인간의 의지라는 말이니까. 그러므로 어떤 원칙, 원리가 내 의지를 규정해야 하는가라는 물음은 아주 중요해. 칸트는 이를 위해 사회법칙의 원리로 통할 수도 있는 원칙을 선택하라고 하지.

파트릭　"남에게 대접받고 싶은 대로 남을 대하라."

닐스　전 세계적으로 통할 만큼 보편적인 황금률이지. 동서양을 막론하고 어느 문화와 사회에서나 일정한 시기에 나타났으니까. 도덕철학자 오트프리트 회페<sup>Otfried Höffe</sup>는 그래서 황금률을 '세계도덕유산'으로 봐야한다고 주장했어. 칸트는 이 황금률을 새로운 차원으로 승화시켰고. 보편적인 입법의 토대로 사용되도록 삶의 지향성을 선택하라고 했는데, 그건 개인과 사회가 도덕철학적으로 서로 연결되어 있기 때문이야. 나만 중요한 것이 아니라 우리가 사회를 이루며 함께 살아가는 방식이 중요한 거라고. 얼마나 훌륭한 생각이야?

파트릭　좀 추상적으로 들리는데 구체적인 예를 들어봐.

닐스　칸트가 아주 간단한 예를 들어줬지. 형편이 어려워서 누군가에게 돈을 빌려야 한다고 치자. 그래서 어머니가 아파서 돈이 필요하다고 거짓말을 해. 이런 경우에 대해 칸트는 이렇게 말했어. 처음에는 상황이 어려우니 거짓말을 해도 된다는 생각이 들 거라고 말이야. 하지만 다시 곰곰이 생각해보면 알 수 있어. 예외적인 상황에서의 거짓말이 일반 법칙이 되면, 아무도 누군가에게 더 이상 돈을 빌려주지 않으리라는 것을 말이야. 이런 사고방식은 삶에서 부딪히는 여러 상황을 숙고하고 검토하도록 도와주지.

파트릭　의혹을 품고 성찰하는 것이 행위 자체보다 중요하다는 말이군.

닐스   행위도 중요하지만 문제는······.

파트릭   ······의식이지!

닐스   맞아. 의식이 문제야. 의식적인 숙고가 중요하지.

파트릭   의식을 갖고 행동하고 거기에 책임을 지는 것!

닐스   통찰력도 중요해. 이런저런 것은 하지 말아야 한다는 걸 알아야 하지. 누구나 거짓말을 하면 공동생활에 안 좋다는 걸 분명히 알아야 해. 이런 생각에서 성숙한 태도와 책임감이 나오니까.

파트릭   그리고 모든 사람이 그와 같은 상황에서 똑같이 거짓말을 한다고 쳐. 그래도 각각의 상황과 무관하게, 모든 사람이 본질적으로 거짓말을 할 것이라고 말하면 안 돼. 둘은 전혀 다른 문제니까. 상황에 따라 구분을 해야지.

닐스   그래, 각 상황마다 그런 점검을 거쳐야겠지. 칸트의 도덕철학을 공부한 덕분에 나는 아주 간단하고 구체적인 것을 배웠어. 끊임없이 가던 길을 멈추고 한 걸음 물러나 내 행위를 점검해야 한다는 거야. 그런 다음 자문해봐야지. 나의 행위는 타인들에게 어떤 메시지를 전하고 있는가? 어떤 원칙이 내 행위를 특징짓는가? 나의 행위는 조화로운가? 자신을 솔직히 돌아보면, 완벽과는 거리가 멀다 해도 자신을 개선할 수 있어.

**파트릭** 이성이 뭔가 민주적인 기능도 할까?

**닐스** 계몽주의 시대에는 인권 같은 민주적 원리의 발달에 엄청 중요했어. 인간을 단지 수단으로 악용하면 절대 안 된다고 칸트는 말했지. 모든 인간은 무조건 보호해야 할 존엄성이 있고 이것을 침해하면 안 된다고 말이야. 이것은 현대적 인권을 이해하는 핵심 토대야. 민주주의의 근거를 찾는 많은 철학자와 정치학자들은 무엇보다 칸트의 도덕철학에 의존해. 법치국가의 민주주의는 문제가 생길 때 이성적으로 토론하고, 의견의 다양성을 방해물이 아니라 풍부한 아이디어의 자원으로 보기 때문이야.

**파트릭** 맞아, 결국 이성은 언제나 일종의 문화 구조물이기도 하니까. 사형 제도를 예로 들면 말이야.

**닐스** 칸트는 때로 사형 제도를 찬성했어.

**파트릭** 칸트는 당대 대부분의 사람들과 마찬가지로 반유대주의자이기도 했지. 이것도 오늘날의 관점에서 보면 불합리하다고 할 수 있어. 그건 그렇고, 우선 사형 제도로 돌아가볼까? 사회의 다수가 사형 제도를 완전히 이성적인 것이라고 생각한다면 사형 제도를 옳다고 할 수 있을까. 무엇이 모든 것을 결정하는 이성의 법정일까?

**닐스** 칸트라면 이성 자체는 어떤 구조가 아니라 뭔가를 구성하기 위한 전제조건이라고 말할 거야. 인류의 역사에서는 늘 도덕 규칙이 생겨나고 변화하지. 예를 들어 제2차 세계대전과 홀로코스트 이후, 이 끔찍한 경험을 토대로 보편적인 인권을 표현하는 것이 필수가 되었어. 칸트라면 이성이 인간에게 모든 것을 알려주거나, 우리에게 필요한 정확한 계획을 세우게 해줄 거라고 말하지는 않을 거야. 다만 이성을 기반으로 성찰하는 삶은 역사에서 배우는 것보다 더 많은 것을 깨우쳐주지.

이런 생각이 현대까지 이어졌어. 더욱이 20세기에 들어 철학자 막스 호르크하이머Max Horkheimer는 결국 중요한 문제는 이성적인 사회 상황을 만들어내는 것이라고 했어. 이런 의미에서 계몽주의는 끝난 과정이 아니야. 칸트의 이성 개념을 가지고 그의 정치적 입장을 다시 캐물어볼 수도 있어. 그는 아마 환영할걸. 아니 심지어 그러라고 요구할 거야.

**파트릭** 혹시 칸트는 사전에 지나치게 종교적으로 각인된 도덕과 윤리를 합리적이고 과학적이며 세속화한 계몽주의로 옮겨놓으려고 한 것은 아닐까?

**닐스** 바로 그거야! 그것이 칸트의 의도였어. 고대 그리스에는 아리스토텔레스의 위대한 윤리학이 있었지. 아리스토텔레스는 삶을 풍요롭게 할 수 있는 구체적인 미덕을 말하면서, 정의와 용기, 절제, 지혜를 본질적인 4대 미덕이라고 했어. 중세에 들어와서는 믿음과 사랑과 소망이라는 세 가지 종교적 미덕이 추가되고, 아리스토텔레스의 윤리학은 기독교 윤리의 기본덕목이 되었지. 칸트는 이런 도덕관을 정확하게 살펴보고 나서 구체적인 기본행동에 방향을 맞춘 윤리학이 너무 부정확하다는 것을 깨달았어.

용기란 무엇인가? 정의란 무엇인가? 누구를 위한 것인가? 어떤 상황에서? 그 때문에 칸트는 더 이상 구체적인 내용을 캐묻지 않고, 개성프로그램 기능을 하는 구조적인 도덕론을 세우려고 한 거야. 특정 상황에서 문제가 있을 때 어떻게 행동할지 곰곰이 생각하라는 거지. 그런 다음 잠시 멈추고 한 걸음 뒤로 물러나 그 문제를 정언명령에 비춰보라는 말이야. 어떻게 하면 목적을 위한 단순한 수단으로 인간을 이용하지 않을 수 있을까? 이런 상황에서 어떤 기본입장이 중요할까? 이러고 나면 조금 더 명확히 판단하고 이성적으로 행동할 수 있다는 거야.

파트릭   그 말은 칸트가 권력과 지배구조를 들여다본 최초의 해커 중 한 사람이란 뜻인가?

닐스   칸트는 도덕의 안티바이러스 프로그램 같은 것을 개발했어. 항상 새로 업데이트되는 프로그램 말이야. 그래서 도덕적인 진술은 무엇이든 정언명령에 비춰보고, 아무 이상이 없는지 아니면 수정을 해야 하는지 살펴볼 수 있지.

파트릭   그렇다면 칸트는 컴퓨터의 머리 꼭대기에 앉아 있는 컴퓨터광 같은 존재란 뜻? 마치 세계의 문제를 대부분 합리적이고 기계적으로 해결할 수 있는 사람처럼 들리니 말이야. 말하자면 순전히 데이터라는 이성으로, 이른바 칸트 2.0인 것처럼. 그러면 칸트는 감정이나 충동 같은 삶의 불합리한 문제에는 어떻게 대처했는데? 그런 문제는 어떻게 보고 있어?

닐스   그 부분에서는 비판의 여지가 좀 있어. 바로 정신분석학의 측면에서 그런데, 그쪽의 비판들은 칸트가 무의식의 충동적 동기나 인간의 열망과 욕구 등 전반적으로 인간 내면의 불합리한 요소를 조명하지 않았다는 점을 강조해. 이 때문에 프로이트도 자신이 계몽주의를 진척시켰다고 말했지. 사실상의 계몽주의 2.0이라고나 할까. 계몽주의 자체에 우리가 발견할 수 있는 강박 메커니즘이 들어 있는 거라고. 칸트는 인간의 이성에 너무 집중하느라 인간 내면의 동물적 특성과 충동, 무의식적 욕망을 과소평가했어.

파트릭   칸트를 뭔가 별난 괴짜로 본다는 얘긴가?

닐스   물론 칸트의 그런 이미지가 그동안에 많이 사라지기는 했지. 아무튼 칸트는 오트프리트 회페나 폴커 게르하르트Volker Gerhardt 같은 연구자가 명백히 밝혔듯이 완전히 세상과 동떨어진 사람은 분명 아니었어.

파트릭   그래도 우리의 의식에는 쾨니히스베르크의 작은 방에 앉아 있는 교수의 이미지가 새겨져 있지. 그는 확실히 세상을 돌아다니며 사람들과 많은 얘기를 나누고 직접 세계를 연구하는 세계주의자(코즈모폴리턴)는 아니었어.

닐스   그와 동시대의 중요인물인 요한 볼프강 폰 괴테와 비교해보면 확실히 칸트가 학술적인 이미지를 지녔다는 것을 알 수 있어. 괴테는 정치와 예술, 과학 등 사회의 여러 분야에서 적극적으로 활동한 '팔방미인'이었거든.

**파트릭** 사교계의 인물이었다고 할 수 있지.

**닐스** 맞아, 코즈모폴리턴이었지. 하지만 칸트는 전혀 달랐어. 최대한 생각에 집중하려고 했으니까. 실험실에 박혀 있는 연구자 같았기 때문에 어떤 점에서는 가려질 수밖에 없어. 인간에게 이성을 제공할 가능성에 매혹됐던 거야. 기질이나 충동 같은 것은 당연히 정신집중을 방해하고 한눈을 팔게 만드는 것처럼 여겨졌을 거라고. 이에 비해 괴테는 인간의 열정을 엄청 강조했고 실제 삶에서도 칸트보다 훨씬 많은 공간을 자신의 열정에 할애했지.

**파트릭** 그런 대조적인 시각이 있다는 건 언제나 좋은 일 같아. 관찰방법이 한쪽으로 치우쳐 있어도, 이에 상응하는 반대의 시각이 있으면 잘못된 느낌을 갖게 되지는 않을 테니까 말이야. 그래서 내향성과 외향성 등, 언제나 여러 가지 관점이 있는 게 중요하지. 밖에서 볼 때 둘이 겹치는 부분이 있어도 그건 정말 흥미로워 보여.

**닐스** 민족학에는 서로 다른 연구단계를 일컫는 두 개의 멋진 개념이 있는데, 하나는 '토착화'고 또 하나는 '귀향'이야. 즉 세계로 나가서 경험을 모은 다음 집에서 쉬면서 수집한 자료를 평가하고 이론을 세우는 거지. 두 가지가 다 중요해. 그리고 칸트는 귀향 유형에 더 가까웠던 것 같아. 하지만 연구방식이 철저했기 때문에 획기적인 자신만의 명제를 세울 수 있었지.

**파트릭** 그렇게 칸트는 쾨니히스베르크의 실험실에서 자신의 도덕적 나침반을 세운 거로군.

닐스　원칙적으로 말하자면 나침반을 만든 것이 아니라 발견한 거라고 해야겠지. 칸트는 도덕적 문제를 해결하기 위해 이성을 투입할 때 무슨 일이 일어나는지 관찰했어. 그리고 그때 이성이 지배하도록 하면 도덕적 사고는 언제나 정언명령이라는 결과로 이어진다는 걸 알게 됐지. 고고학자가 유적을 발굴하듯이 정언명령을 캐낸 거야. 그리고 이성을 발명한 것이 아니라 이성을 분석하고 그것이 어떤 기능을 하고 어떻게 작용하는지 이해하려고 했어.

파트릭　그것이 이른바 도덕이겠지. 그런데 윤리는 어떤 역할을 할까? 도덕과 윤리는 차이가 있나?

닐스　윤리는 도덕의 철학적 근거라고 말하는 사람이 많아. 하지만 윤리와 도덕을 전혀 다른 것으로 풀이하는 정의도 있어. 도덕철학자 데틀레프 호르스터Detlef Horster와 루츠 빈게르트Lutz Wingert는 도덕을 모든 사람에게 적용해야 할 기본원칙으로 규정했지.
　'살인하지 마라'라는 도덕적 계율은 모든 사람에게 적용된다는 점에서 칸트의 정언명령과 같아. 도덕은 항상 사회의 모든 구성원과 관계가 있어. 모든 사람이 이것 혹은 저것을 하거나 하지 않는 것이 왜 중요한가를 따지지. 이와 달리 윤리는 성공적인 삶에 대한 주관적 물음과 관계있어. 왜 삶에서 일정한 기본입장을 지니고 일정한 가치에 행위를 맞추는 것이 '나에게' 중요한가? 다시 말해 윤리가 성공적인 삶에 대한 주관적 물음과 관계있다면, 도덕은 그것보다 정언명령에 대해 묻는 거지. 윤리는 주관을 향하고, 도덕은 사회를 향한다고 보면 돼.

**파트릭** 나는 하인츠 폰 포에스터의 저서《세계의 일부-윤리의 차원 분열도형》에서 그 차이를 봤어. 도덕이 '너는 마땅히 ~해야 한다'에 가깝다면, 윤리는 '나는 ~한다' 혹은 '나는 ~하겠다'라는 거지. 그 밖에 포에스터는 (아저씨처럼 가깝게 지낸 루트비히 비트겐슈타인과 비슷하게) 윤리란 근본적으로 뭐라고 꼭 집어서 말할 수 없는 것으로 보았어. 말로 설명하기는 거의 불가능하고 직접 겪어봐야 한다는 거지.

**닐스** 맞아, 비슷한 정의로 들리는군. 하지만 본인의 윤리적 태도에 대해서는 말할 수 있지. 다른 사람에게 전달할 수도 있고.

**파트릭** 고유한 행위라고 할 윤리가 '너는 마땅히 ~해야 한다'라는 식의 도덕과 어떤 관계가 있어야 하는 건 절대 아니야. '살인하지 마라'라는 도덕적 원칙이 있지만, 살인이 전쟁에서처럼 윤리적으로 허용되는 상황은 언제나 있기 마련이니까. 이런 맥락에서의 도덕성은 완전히 변질된 게 분명해.

**닐스** 윤리와 도덕은 서로 어울리지 않을 수도 있어. 중요한 것은 한 사람의 윤리를 도덕적인 명령의 측면에서 시험하는 거야.

**파트릭** 그래, 그럴 수 있지. 도덕이 윤리를 보장해주는 것도 아니고.

**닐스** 다른 사람의 자유를 제한하지 않는다는 전제하에 개인은 자기 삶을 가꿀 자유를 누릴 수 있어. 누구나 윤리적 삶에 대한 권리가 있고, 이 권리는 모두에게 해당되기 때문에 도덕적인 원칙이 되지.

이런 의미에서 도덕은 윤리의 전제조건이 된다고 볼 수 있지.

파트릭   그 반대도 성립해. 도덕적 규범으로 끌어올리고 싶은 윤리도 있으니까 말이야.

닐스   무슨 말이야?

파트릭   예를 들어 범죄조직에서는 서로 죽고 죽이는 상황이 마치 일상처럼 아주 흔하게 벌어져. 피의 복수 같은 현상은 오늘날까지도 존재한다고. 그런데 누군가 갑자기 이렇게 말할 수 있어. "안 돼! 나는 이제 살인을 안 할 거야! 복수도 안 할 거야. 이것이 사회 전체를 위한 도덕이 되어야 한다고 생각해. 그래야 문명이 계속 발전할 테니까." 이렇게 구체적인 윤리 행위에서 도덕이 표현되는 거야.

닐스   나의 윤리적 확신이 모두에게 구속력을 가지려면 도덕적인 근거를 제시해야 해. 그러면 틀이 변하지. 윤리적 확신이었던 것이 이제는 보편적인 공동선이 되는 거야. 그런 게 실제로 있어.

파트릭   그렇지 않다면 전혀 작동할 수가 없겠지. 도덕은 하늘에서 그냥 떨어지는 것이 아니니까.

닐스   그렇고말고. 도적적인 기준은 인간이 공동생활의 기본규칙을 정하는 사회적 과정에서 생겨나는 것이야.

파트릭   하지만 그 기준이 언젠가는 표현될 수밖에 없어.

**닐스**  도덕적인 기준은 사회발전을 통해 만들어져. 사람들이 인식하고 기록하고 끝까지 논의를 거쳐 합의하고, 부분적으로는 혁명을 거치기도 하는 거야. 도덕은 아주 복잡한 사회적 상호작용 과정에서 변하지. 이미 석기시대에 원시인류는 부족의 규칙을 정하기 시작했어. 따라서 도덕은 인간의 문화만큼이나 오래된 거야. 사회학자들 중에서는 심지어 침팬지에게도 도덕 성향이 있다고 보는 사람도 많아. 먹이를 분배하거나 동족을 적으로부터 보호하는 행동을 그 예로 보지.

**파트릭**  좋아, 그럼 예를 들어볼까. 육식은 언제나 살생을 전제로 해. 그런데 이 문제에 대해서는 명확한 도덕률이 없어. 적어도 인간의 문화적 맥락이나 법으로 보면 그렇다고. 그래서 육식을 도덕적으로 허용하고 전혀 문제 삼지도 않지. 그냥 정상으로 받아들이는 거야.

**닐스**  우리 사회에서는 그렇지.

**파트릭**  하지만 대단히 독특한 윤리를 내세우는 사람들도 있어. 이들은 의식적으로 육식을 안 한다고 말하지. 그리고 동시에 자신의 윤리에서 보편적인 도덕률을 만들어내고 싶어 하는 사람들도 있어. 누구도 육식을 해서는 안 된다는 도덕률을 말이야.

**닐스**  육식을 안 하는 데는 다양한 동기가 있어. 많은 채식주의자들은 이것을 도덕적인 문제로 봐. 그래서 네가 말한 대로 누구도 고기를 먹어서는 안 된다고 주장하지. 또 어떤 사람들은 이것을 윤리적인 문제로 보고 이렇게 말해. "그건 내 삶의 방식이야. 동물을 먹지 않는 것이 내게는 중요한 덕목이라고. 당신이 육식을 하고 싶다면, 육식과 삶을 조화시킬 수 있다면 그렇게 해. 하지만 내겐 고기를 먹지 않는 것이 중요해."

비틀즈의 폴 매카트니는 언젠가 머리가 달린 것은 먹지 않을 거라고 말한 적이 있어. 그건 윤리적인 기본태도라고 할 수 있지. 물론 육식을 안 하는 데는 전혀 다른 이유도 있어서, 의학적인 이유로 안 먹기도 하고.

파트릭   맞아, 내 경우는 알레르기 반응이 일어나고 소화도 잘 안 돼.

닐스   그건 도덕적이거나 윤리적인 이유가 아니라 실용적인 지혜라고 봐야겠군. 나는 몸에 좋지 않아서 안 먹어. 지혜와 도덕, 윤리와 육식의 문제를 서로 연관시킬 수도 있어. "나도 고기를 먹고 싶어, 도덕적인 문제도 걸릴 것이 없고, 다만 건강상의 이유로 먹지 못하는 것이 안타까울 뿐이야"라고 말하기도 하고 혹은 "잘 소화되지 않는 건 큰 문제가 아닌데, 고기를 먹는 것이 도덕적으로 꺼림칙해서"라고 말하기도 하지. 또 "육식이 내 건강에 좋다고 해도 나는 윤리적인 이유로 먹지 않겠어"라고 실용성보다 윤리를 중시하는 사람도 있어.

파트릭   그 말을 들으니 도덕에는 먼저 윤리적인 태도가 필요한 것 같아. 즉 윤리적으로 행동하고 그 근거를 대는 개인이 없으면 도덕을 이끌어낼 수 없다는 말이지. 다른 사람에게 요구하기 전에 먼저 내가 직접 경험해야 한다는 얘기야.

닐스   하지만 세상에 태어나 무에서 생활윤리를 발전시켜 나가는 건 아니야. 네가 태어난 사회의 도덕적 규칙과 대립하는 과정에서만 전개되는 거지.

파트릭   그야 물론.

닐스   아이들은 가치와 기준을 지닌 사회로 내던져져. 도덕적 사회화의 토대가 있어야만 자기 삶의 길이 무엇인지도 물을 수 있고.

파트릭   그런데 육식주의자의 도덕적 환경에서 태어나 갑자기 채식주의자의 윤리를 발견한다면…….

닐스   ……그러면 칸트에게서 본 것처럼 내가 당연히 검증하고 비판할 수 있는 도덕적 명령과 대립하게 되겠지.

파트릭   그래, 그러면 적어도 내가 지향하거나 심지어 나와 마찰을 일으키는 대응도덕이 생겨난다고.

닐스   그렇지. 도덕과 윤리는 상호의존 관계니까. 사회에서 고기를 먹는 것이 문제가 안 되니 나는 그런 태도도 받아들일 수 있다는 것을 배울 거야. 동의하거나 반대할 수 있고, 기존의 것을 지지하든가 대안을 제시하거나, 생각을 바꾸도록 요구할 수도 있겠지.

파트릭   그런 식으로 일종의 순환작용이 일어나는 거군.

닐스    맞아.

파트릭    도덕을 과학적으로 연구하거나 한 발 더 나아가 측정하는 것
까지도 가능할까?

닐스    그럼. 도덕적 사고 발달에 대한 유명한 모델이 있어. 미국의 심
리학자이자 교육학자인 로렌스 콜버그<sup>Lawrence Kohlberg</sup>가 세운 이론
이야. 그는 한 인간의 도덕을 규정할 수 있는 아주 천재적인 방법을
개발했어. 이른바 딜레마 이론에 몰두했는데, 도덕적 갈등을 보여
주는 짤막한 이야기로 구성되어 있지. 콜버그는 이 이야기를 사람
들에게 들려주고 나서 그에 대한 의견을 물었어.

파트릭    그럼 딜레마의 역할을 한번 들어볼까?

닐스    정말 흥미진진하지만 대학에서 연구 프로젝트로 삼을 만큼 머
리 아프기도 해. 몇 년 전에 발생한 실제 사건과 비슷하다는 점에서
더 흥미롭지.
　　어떤 남자가 열한 살짜리 아이를 납치하고 몸값을 요구했어. 며
칠 후 경찰은 단서를 포착하고 범인을 체포했는데, 그는 아이가 있
는 장소를 밝히지 않고 입을 다물었어. 납치사건이 발생한 지 벌써
4일이나 지났기 때문에 경찰서장은 아이의 목숨이 몹시 위태로울
수도 있다고 걱정했어. 그래서 범인이 계속 함구하고 있으면 고통
을 가하고 위협하라고 명령했어. 신체적 폭력으로 위협하는 게 법
으로 금지돼 있음을 잘 알고 있었지만 말이야.
　　이것은 두 가지 기본 도덕적 가치가 상충하는 진퇴양난(딜레마)의

상황이라고 할 수 있어. 우선 아이의 목숨과 신체안전이 위험에 처해 있고, 또 한편으로는 침해할 수 없는 인간의 존엄성이 있는데 고문이나 협박은 이 존엄성을 심각하게 훼손하지.

콜버그는 이런 딜레마를 제시하고 그에 대한 의견을 들어보면 상대의 도덕적 사고를 파악할 수 있다고 했어. 당신은 어떻게 생각하는가? 경찰서장은 고통을 가하겠다고 협박해도 될까? 실제로 고통을 가해도 되나? 경찰서장이 국가와 기본법의 대변자라는 점은 그렇게 중요한가? 이런 질문에 대한 대답으로 그 사람의 도덕적 사고와 판단을 엿볼 수 있다는 거야.

로렌스 콜버그

1927-1987
도덕 심리학자

"도덕은 자신의 관점 외에 다른 사람의
눈으로 볼 줄 아는 능력이다"

**파트릭**  그렇다면 독자 여러분! 경찰서장은 어떻게 해야 할까요?

**닐스**  정말 어려운 문제야.

**파트릭**  그리고 '왜' 서장이 그렇게 하거나 하지 말아야 하는지, 이것이 결정적인 문제지.

닐스  그래, 언제나 근거를 물어봐야 하니까. 왜 서장은 그렇게 해야 하거나 하면 안 될까? 즉 서장의 행동원칙은 무엇일까? 이런 질문들에 대한 답이 이면의 도덕적 근거를 보여주지. 콜버그는 도덕적인 근거가 일정한 구조를 보여준다고 설명해. 계단의 형태를 이룬다는 거야. 맨 밑의 단계는 근거가 아주 단순하고 평범한 반면, 계단이 위로 올라갈수록 논란은 더 복잡해지고 딜레마의 여러 측면을 인식하고 고려하게 되지.

파트릭  몇 단계나 있는데?

닐스  콜버그의 이론에서는 총 여섯 단계가 있어. 크게 세 가지 차원의 도덕적 판단으로 구분되는데 각 수준마다 두 단계씩 들어 있고. 간단하게 도표로 표시하면 다음과 같아.

| 인습 이후의 도덕수준 | 6단계 : 보편적인 상위 도덕원칙의 방향 |
| --- | --- |
| | 5단계 : 보편적인 계약원칙의 방향 |
| 인습적 도덕수준 | 4단계 : 기존의 국가법의 방향 |
| | 3단계 : 인접사회의 방향 |
| 인습 이전의 도덕수준 | 2단계 : '받은 대로 갚아주기'의 방향 |
| | 1단계 : 보상 및 처벌의 방향 |

파트릭  그러면 첫 번째 수준부터 짚어보자.

닐스  그건 인습 이전의 수준이라고 해.

파트릭  1단계와 2단계로 되어 있고?

닐스  그렇지. 각 수준마다 두 단계씩 있으니까 3×2 = 6, 총 여섯 단계야.

파트릭  어이구, 잘 알아먹겠슴다!

닐스  인습 이전의 도덕은 명칭에서 알 수 있다시피 전통이 확립되기 이전에 나타나는 거야. 1단계에서는 보상과 처벌만 중요하지. 착한 일에 대해서는 보상을 받고 못된 일에는 처벌을 받는 거야.

파트릭  그 말을 고문의 예에 적용하면, 서장은 고문을 해선 안 된다는 뜻이로군. 고문을 하면 법으로 처벌받을 테니까.

닐스  그렇지. 서장은 감옥에 가고 싶지 않을 거야. 그러니 고문을 하면 안 되지. 그런데도 한다면 멍청한 것이고.

파트릭  거꾸로 보면, 서장은 당연히 고문을 해야 해. 고문을 하면 아이가 풀려날 것이고, 그렇게 되면 그는 영웅이 될 테니.

닐스  그렇기는 해. 그것도 1단계겠지. 이 예화에서는 내용과 구조

사이에 중요한 차이가 있다는 것을 알게 돼. 똑같은 구조단계인데도 '네'와 '아니요'라고 답할 수 있으니까. 콜버그가 볼 때는 도덕적인 내용을 대하는 방법에 결정적인 의미가 있어. 정의 같은 것은 처음엔 아무 의미도 없어. 누군가 하는 말이 무슨 의미인지를 알아야 한다는 거지. 내가 주장하는 방법이 결정적이라는 뜻이야. 일상생활에서도 볼 수 있지. 많은 사람이 아주 도적적인 반응을 보이고 모든 도덕적인 질문에 즉시 답을 해. 하지만 정확히 들여다보면 그 뒤에는 지극히 평범한 생각이 숨어 있을 때가 종종 있어.

파트릭  알았어. 그럼 2단계는?

닐스  첫 번째 수준의 두 번째 단계는 일종의 상인의 도덕이라고 할 만해. 내가 대가를 받으면 너에게 뭔가를 주겠다는 거지. 경찰서장은 다른 사람도 그와 같은 상황에 놓이면 목숨이 위태로운 아이를 구하기 위해 범인을 고문할 거라고 믿을 때만 범인에게 고통을 가한다는 거야.

　아주 간단한 것이기는 해도 여기선 정의에 대한 생각이 나타나 보여. 이것은 내가 주는 것과 똑같은 것을 얻는 순수한 거래가 틀림없어. 아이들이 종종 이런 주장을 하지. "내게 가위를 주면 너에게 풀을 줄게"라고 말이야. 혹은 "네 비밀을 털어놓으면 내 비밀을 말해줄게"라고 말하기도 하고, 이것이 2단계야. 성인들 사이에도 이런 거래방식은 널리 퍼져 있지.

파트릭  그래, 선거에서 흔한 광경. 나에게 표를 주면 이것을 약속하마.

닐스    바로 그거야. 그런 일이 종종 있어. 인습 이전의 수준은 사회적이고 인습적인 규칙이 생기기 이전에 나타나는 거야. 사회 이전이라고 말할 수도 있지. 아직 법이라는 인식이 없고 보편적 규칙도 고려하지 않으며 오로지 실용성만 중시하는 단계야.

파트릭    두 번째 수준은?

닐스    두 번째는 인습적인 수준인데 3단계와 4단계는 기존의 규칙에 토대를 두고 있어. 3단계는 주변 영역의 규칙을 강화시켜주지. 내 가족의 도덕이 나에게는 신성하다는 식이야. 내 주변의 규칙이 내겐 법이라는 거지.

파트릭    그러니까 경찰서장의 경우, 나는 법을 엄수하기로 맹세했으니 충실히 법을 따르겠다는 말이로군. 결과에 대한 두려움보다 법을 믿는 게 중요하니까.

닐스    그래, 3단계에서는 주변 영역의 법이 통용되지. 납치된 아이의 가족이 엄청난 걱정을 한다는 점에서 볼 때, 경찰은 범인에게 고통을 주어야만 해. 서장은 자기 아이가 납치됐다 해도 똑같이 할 거야. 혹은, 경찰 전체가 그런 짓은 절대 하지 않겠노라고 상호간에 약속하고 맹세까지 했다면 고문이나 협박은 안 되는 거지. 3단계에서 중심은 내 마을의 규칙, 내 또래집단의 규칙, 내 가족의 규칙이야. 이런 인습은…….

파트릭    ……원칙적으로 이유를 따지지 않아.

닐스   맞아.

파트릭   4단계는?

닐스   4단계가 되면 국가법이 등장해. 국가법은 우리 사회를 안정시키고 유지하는 것이기 때문에 무조건 지켜야 해. 이제 사회적 관점이 역할을 하는 거지. 더 이상 단순히 우리라는 공동체가 문제가 아니라 개인적으로는 절대 알지 못하는 전체를 중시하는 것이고. 법이 공동생활을 지켜주며, 법을 침해하면 혼란이 온다는 생각에서 보면, '법과 질서'의 도덕이라고 말할 수도 있지. 하지만 논증구조가 아주 복잡해. 우리의 예에 대입해보면, 경찰서장은 범인에게 고문이나 협박을 해서는 안 돼. 법을 어기는 것이니까. 그리고 이것이 중요한 까닭은, 고문금지 조항이 지켜지지 않으면 원치 않는 야만 상태로 돌아가기 때문이야.

파트릭   알았어. 4단계에서 고문에 대한 반대 근거가 명확하다면, 고문에 대한 찬성 근거는 무엇일까?

닐스   경찰서장이 범인에게 고통을 가하겠다고 협박하는 건 생명보호의 법이 범인의 존엄성을 보호하는 법보다 더 중요해서야. 우리 인간의 법은 사회를 안정적으로 유지하는 기능을 하거든. 따라서 생명을 보호하는 법을 가장 우선해야 하는 거지. 4단계에 있는 사람들은 이런 예에서 고문과 협박이 법에 저촉되지 않는다고 확신하는 경우가 많아. 법이 허용하는 비상조치라는 것이 있기 때문에.

파트릭  좋아. 그 다음은 뭐지?

닐스  세 번째 수준을 콜버그는 인습 이후라고 부르는데, 그 이유는
이 도덕 수준에서는 인습과 법을 넘어 누구에게나 통용되는 보편적
인 원칙을 물을 줄 아는 사람들이 있기 때문이야. 5단계에서는 법
을 더 이상 불변의 것으로 보지 않고 상위의 보편적인 원칙에 맞춰
야 할 계약으로 봐. 인간의 보편적인 존엄성을 보호하지 못한다면
그 법은 바뀌어야 해. 5단계에서 경찰서장은 침해할 수 없는 인간
의 존엄성 보호를 최고 원칙으로 삼는 민주적 법치국가의 대표로
서, 설사 아이의 생명이 위험하다 해도 범인을 고문해서는 안 된다
고 주장할 수도 있어.

　5단계에서 인간의 존엄성은 국가보다 우선한다고 생각하니까.
즉 국가는 인권을 존중하거나 무시할 수는 있어도 침해하거나 박
탈할 수는 없다는 거야. 이런 의미에서 인권은 모든 국가질서에 우
선하며, 모든 입법의 기준이 되고 있어. 다른 한편으로 존엄성의 무
조건적인 보호는 아이에게도 해당되는데, 그래서 이 딜레마가 너무
어려운 거지. 나는 인습 이후의 단계에서는 논증으로 해결이 안 된
다고 생각해. 끝까지 풀리지 않아.

파트릭  마지막 단계도 마찬가진가?

닐스  마지막 단계는 경험적으로 발견된 것이 아니야. 하지만 콜버
그는 5단계의 논증구조를 넘어설 수 있는 사람이 있다는 것을 알았
어. 몇몇 교과서에서는 칸트의 정언명령을 6단계에 놓을 수 있다고
주장하지만 맞는 말인지 단정할 수는 없지. 내 생각에는 콜버그가

마하트마 간디나 마르틴 루터 킹처럼 계약상으로 확보한 인권보다 더 높은 원칙을 생각한 인물들을 염두에 둔 것 같아.

**파트릭**   그렇다면 여기서 시점전환 같은 조치가 필요할지도 모르겠네. 즉 외부적으로 보자면 나는 당연히 경찰관의 현실을 이해할 수 있어. 서장은 무조건 이 아이의 목숨을 구하려고 할 거야. 아이를 숨긴 곳을 알아내기 위해 모든 조치를 요구하는 부모의 입장도 이해가 가. 하지만 사회 전체로 볼 때 선례를 만드는 건 치명적인 결과를 부르겠지. 게다가 용의자가 실제로는 무죄일 가능성도 늘 있기 마련이고.

**닐스**   이 경우에는 남자가 혐의를 인정했어. 하지만 다른 사건의 경우 누군가가 유죄인지 아닌지 정확히 알 수 없다는 문제도 따를 수 있지. 이때는 어떻게 해야 할까?

**파트릭**   정말 진퇴양난이로군.

**닐스**   골치 아픈 딜레마라니까. 쉽게 빠져나올 수가 없어.

**파트릭**   그 점에서 사실상 책임의 문제라고도 할 수 있겠다.

**닐스**   책임이라고? 맞아. 그런데 어떤 방향의 책임이지? 이 딜레마에서는 우리도 알고 있는 두 가지 가치가 서로 충돌하고 있어. 바로 생명과 인권 말이야.

파트릭  또 흥미로운 건 자신의 도덕적 단계에 어긋나는 결정을 할 수도 있다는 점이야. 다시 말해 시징은 콜버그의 5단계에 있는 사회계약을 알고 있지만, 그 순간 스스로 "법을 무시하더라도 아이를 구해야겠어. 이것은 나 개인의 결정이야. 안 그러면 잠을 못 잘 거라고. 공감할 수 없어"라고 말할 수도 있지.

닐스  그래, 하지만 공감만으로는 사회 전체를 위해 공정한 판단을 내릴 수 없어. 아주 다양한 차원의 공감을 고려해야 하니까. 생명이 위험한 아이를 위하는 문제는 차라리 아주 분명해. 하지만 우리가 그런 비상상황에서 고문을 법으로 허용한다면, 혹시 죄가 없을 수도 있는데 고문당한 사람은 어찌 되지?

파트릭  이거, 흥미진진해지는데.

닐스  미친 짓이야. 그런 긴급상황에서는 고문과 협박을 법으로 허용한다고 가정해보자고. 그런데 만약 경찰관이 고문을 거부한다면, 이제 그를 근무태만으로 문책해야 돼. 이런 진퇴양난의 상황에서는 확실한 대답을 알지 못해도 그것이 때로 높은 단계의 신호라는 건 분명히 알 수 있어. 인습 이후의 수준에 있는 사람들에게는 딜레마를 공개해야 하는 상황이 일어날 수도 있는데, 그들이 보고 이해하는 모든 관점에 동등한 자격이 있다는 걸 알기 때문이지. 지금 우리가 예로 든 고문 딜레마가 그렇다고 나는 생각해.

파트릭  이 딜레마를 인식하는 것이 꼭 필요하다는 거로군.

닐스   그렇지.

파트릭   이것은 진퇴양난의 상황이고 명확한 결정을 내릴 수 없다는 것을 말이지?

닐스   그래, 이데올로기 문제를 다룰 때 확인한 것처럼, 빠르고 단순한 이분법은 흔히 복잡하지 않고 실상과 꼭 맞지도 않아.

파트릭   이제 '우리'라는 주제로, 즉 우리 사회로 다시 돌아가볼까. 이 콜버그의 모델로 사회단계나 정치 시스템, 지배구조 같은 것을 분류할 수 있을까?

닐스   가능해. 전통적인 부족사회에서는 인습 이후의 수준이 전혀 필요 없어. 필요한 것은 집단에서 직접 규칙을 정했으니까.

파트릭   야전사령관처럼.

닐스   그렇지. 인습 이후의 도덕은 복잡한 현대 사회에서 중요해지고 있어. 현대 사회에서는 진퇴양난의 상황도 더 복잡해져가고.

파트릭   국가 간 문제도 있고.

닐스   그것도 한 예지. 이런 마당에 단순한 3단계의 도덕으로는 갖가지 문제와 도전적인 상황을 올바로 평가하기 힘들어. 사회의 복잡한 수준에 따라 도덕적인 판단 수준도 올라가야 한다고. 그렇지 않으면 상황을 따라가지도 못하고, 문제가 발생했을 때 이성적이고 도덕적인 태도를 취할 수도 없어.

파트릭　그렇지. 이제 불량배나 범법자의 수준을 벗어나보자. 도덕 수준이 높은 단계에서 이상적인 사회는 어떤 모습일까? 이때 우리가 즐겨 인용하는 철학자가 있어.

닐스　칼 포퍼 말이군.

파트릭　포퍼는 이 주제와 관련해 어떤 기여를 했지?

닐스　좋은 질문이야. 칼 포퍼는《열린사회와 그 적들》이라는 유명한 책을 저술했어. 이 책에서 포퍼는 열린사회가 가능한 다양하고 많은 의견을 허용하는 특징이 있다고 했지. 콜버그의 관점에서는 열린사회도 인습 이후의 사회라고 표현할 수 있을 거야. 거리낌없이 의견을 주고받고 자유롭게 숨을 쉬는 사회지. 사상과 종교의 자유처럼 인권을 법으로 보장해주고 억압으로부터 지켜주기 때문이야. 포퍼가 열린사회를 위협하는 존재로 본 것은 무엇보다 사회를 폭력으로 통제하려고 했던 나치와 스탈린주의자들이었어.

파트릭　가능한 다양하고 많은 의견이 표출되고 허용되는 다원화된 사회라는 말을 대신 쓰기도 하지. 만약 열린사회에서 가혹하게 인간을 멸시하는 견해가 나타난다면 포퍼는 어떤 말을 했을까? 다시 말해 열린사회가 불가피하게 한계에 부닥친다면?

**닐스**  포퍼는 이미 사상의 자유가 가능한 많이 허용되도록 폭넓은 자유가 주어져야 한다고 말했지. 하지만 국가사회주의(나치즘)를 직접 경험하고 나서 뉴질랜드로 도피할 수밖에 없었어. 그래서 전후에 열린사회도 전체주의 이데올로기를 막아내는 능력을 갖춰야 한다고 주장하게 돼.

**파트릭**  나는 포퍼의 주요 관심사가 적극적인 참여, 즉 누구나 정치적 활동에 참여하는 것에 있었다고 생각하지 않아. 그보다 그는 언제든지 정치적 지배층을 투표로 해임할 수 있는 가능성을 중요하게 여겼지.

**닐스**  맞아. 그의 견해에 따르면 그것이 민주주의의 기본원칙이니까. 학술이론은 검증되어야 한다는 그의 학자로서의 원칙에도 맞고. 이론이 검증을 견뎌내야 보존되듯 정부도 사회 상황을 악화시키면 투표로 바꿀 수 있어야 한다는 말이야. 이런 것은 규칙적으로 선거가 실시되는 민주주의에서나 가능한 일이지. 민주주의에는 일시적인 권력밖에 없는 거야.

**파트릭**  열린사회의 권력은 그런 의미에서 언제나 아주 유동적인 거로군. 사회의 권력이 경직되고 전체주의화되고 은밀하게 폐쇄된 통치권으로 변질되는 순간 문제가 발생하는 거고.

**닐스**  맞아. 그런데 포퍼가 가장 두려워한 것이 나치즘에서 실현되고 말았어. 독재자가 선출된 직후 민주주의를 폐기해버렸으니까. 바이마르 공화국에서 민주주의 시스템이 전체주의 통치권을 세우는 데 이용된 거야.

파트릭　그리고 다수의 지배는 열린사회를 만들어내지 못해. 담론 과정에서 민주주의를 보호해야 하는데 소수의견을 억압하기 때문이지. 따라서 인권이라는 주제는 여기서도 콜버그의 경우에서처럼 최고의 계율이라고 봐야 해. 처음에 포퍼는 우리의 현재 시스템을 좋게 본 것이 분명해.

닐스　맞아, 나도 그렇게 생각해. 전후 포퍼는 뉴질랜드에서 유럽으로 돌아와 영국에서 살면서 전 독일총리인 헬무트 슈미트와 가깝게 지냈지. 본인 말마따나 그는 영국 민주주의를 아주 만족해했는데, 바로 닫힌사회에 산다는 것이 어떤 것인지 몸소 체험했기 때문이야. 그는 열린사회에서 성장한 사람은 자유를 당연한 것으로 여기는 일이 종종 있다고 늘 강조했어.

파트릭　그래서 자유가 고마운 줄 모를 때가 많은 거야.

닐스　포퍼에 따르면 그런 태도는 위험해. 자유를 당연하게 여겨서 고마운 줄 모르는 사람은 쉽게 전체주의 이데올로기에 감동하지. 어떤 종류든 독재가 일상생활에서 얼마나 끔찍한 결과를 부르는지 상상도 못하기 때문이야. 아무 이유 없이 대로에서 체포된다든가, 정부정책을 비판하거나 그 비슷한 행동을 했다는 이유만으로 끔찍한 처벌에 대한 공포를 안고 살아가는 모습을 상상하지 못하는 거야.

파트릭　그리고 내 생각인데 열린사회도 뒷문은 열려 있어. 무슨 말인가 하면, 아무리 소중하게 생각해야 한다고 강조해도, 그 사회 자체는 결코 완벽하거나 완성된 상태가 아니고 끊임없이 움직이고 있다는 거지. 그래서 매일 그 사회를 지켜내야 한다는 말이야.

닐스  당연히 그래야지.

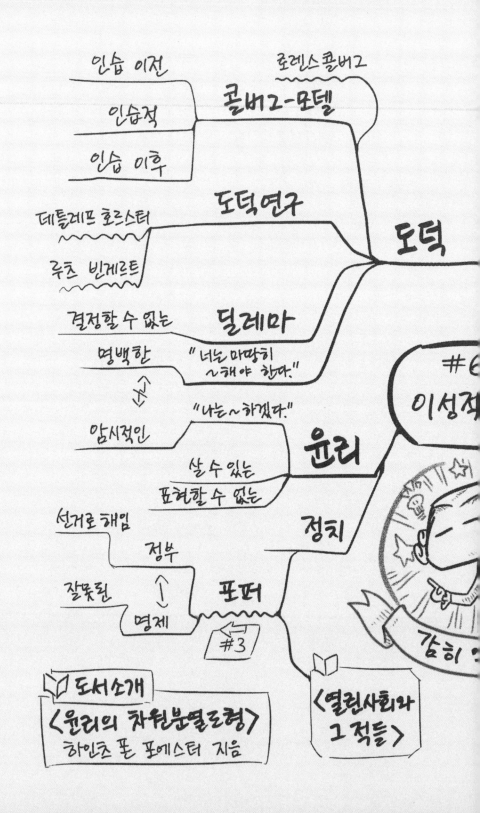

인습 이전

인습적

인습 이후

로렌스 콜버그

콜버그-모델

데틀레프 호르스터

루츠 빈게르트

도덕연구

도덕

결정할 수 없는

딜레마

명백한

"너는 마땅히
~해야 한다."

#6

이성적

암시적인

"나는 ~하겠다."

윤리

살 수 있는

표현할 수 없는

선거로 해임

정부

정치

잘못된

명제

포퍼

감히

#3

📖 도서소개

〈윤리의 차원분열로령〉
하인츠 폰 포에스터 지음

📖

〈열린사회와
그 적들〉

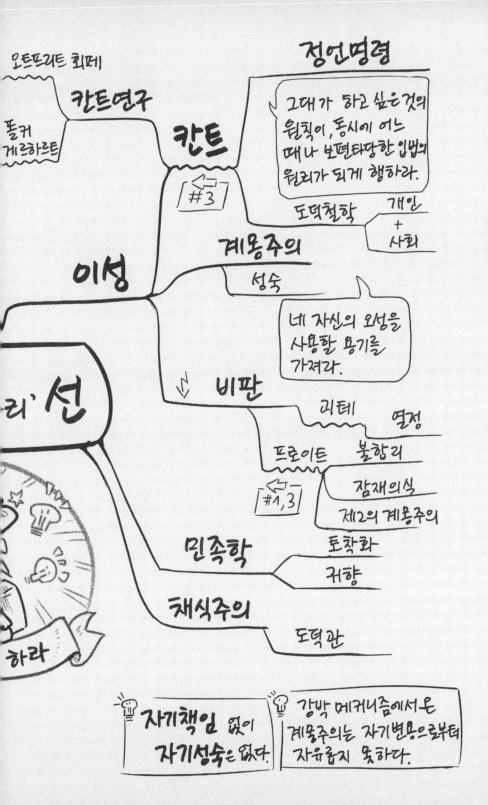

오트프리트 회페
칸트연구

폴커
게르하르트

칸트

정언명령

그대가 하고 싶은 것의
원칙이, 동시에 어느
때나 보편타당한 입법의
원리가 되게 행하라.

#3

도덕철학     개인
            +
            사회

이성

계몽주의
성숙

네 자신의 완성을
사용할 용기를
가져라.

비판
리테          열정
프로이트      불합리
#1,3         잠재의식
            제2의 계몽주의

민족학        토착화
            귀향

채식주의
            도덕관

'리' 선

하라

자기책임 없이
자기성숙은 없다.

강박 메커니즘에서 온
계몽주의는 자기변용으로부터
자유롭지 못하다.

제3부

그 밖의
나머지

# 7장

# 세계
## 이데올로기, 자본주의, 무신론

파트릭  지금까지 정치구조에 대해, 즉 민주주의나 독재체제 등 인간과 사회의 지향 형태에 대해 이야기했어. 그럼 조금 더 깊게 들어가볼까? 모든 정치체제마다 기저에는 어느 정도 일정한 세계관이 깔려 있지. 이데올로기일 때도 많고. 그러면 대체 세계관이란 무엇일까?

닐스  세계관은 현실에 대한 전반적인 해석이지. 세계의 본질과 삶의 의미를 묻는 질문에 대한 포괄적인 대답으로 이루어지고. 이때의 해석에는 언제나 건조한 이론은 물론이고 현실에 대한 평가도 내포돼 있어. 세계는 그런대로 살아갈 만큼 좋은가 아니면 개선되어야 하나, 세계는 혹시 근본적으로 나쁘고 타락하지는 않았는가, 이런 기본태도는 현실에 대해 뭔가를 말해주는 것이라기보다 인간이 세계를 생각하는 방식이라고 봐야 해.

정신과학의 창시자 빌헬름 딜타이<sup>Wilhelm Dilthey</sup>는 다양한 세계관을 정리해보려 시도했지. 이런 목적에서 철학사를 다양한 식물이 자라는 정원에 비유해보자고 했어. 고대의 위대한 철학을 정원 한가운데 늠름하게 서 있는 거대한 나무들에, 새로운 사조는 '사상의 정원'에서 막 자라나면서 자리를 찾으려고 하는 작은 화초들로 보았지. 이것들이 자라고 계속 유지될지는 두고 봐야 해.

그는 이 정원을 관찰하다 뒤엉킨 화초들 한가운데에서 커다란 나무들이 똑같은 높이로 솟아 있음을 발견했어. 이것을 보면서 그 나무들은 언제나 존재하리라고 생각했지. 그 세 그루의 나무는 인간의 사상을 육성한 본질적인 3대 세계관과 같다고 봤으니까.

딜타이는 첫 번째 세계관을 '자연주의'라고 불렀어. 자연주의의 기본명제는 세계에 퍼져 있는 만물이 물질적 토대에서 존재한다는 것인데, 생명은 서로 결합된 물질을, 생각은 뇌 속의 뉴런의 활동을 근거로 한다는 생각이야. 자연주의는 물질의 배후 혹은 그 밑에 창조주나 세계정신 같은 뭔가 다른 것이 존재한다는 믿음은 받아들이지 않아. 결정적으로 인간은 먼지에서 생겨나 먼지로 돌아간다고 생각하지.

이런 말에 두 번째 나무는 전적으로 반발할 거야. 이 나무는 또 다른 부정할 수 없는 생각의 원칙, 즉 자유를 지지하거든. 인간은 문화적 존재가 되고부터 자신이 단순히 물질로만 구성된 것이 아니라 자유롭게 행동하고 양심을 지녔으며 자신과 타인에게 책임을 질 줄 안다는 것을 경험했어. 딜타이의 표현대로, 이 '자유의 관념론'은 주체를, 즉 '생각하는 자아'를 강조하지. 이런 사상을 대표하는 유명한 역사적 증인들로는 임마누엘 칸트, 요한 고틀리프 피히테<sup>Johann Gottlieb Fichte</sup> 혹은 프리드리히 실러<sup>Friedrich Schiller</sup> 등이 있어.

끝으로 이 정원의 세 번째 큰 나무를 딜타이는 '객관적 관념론'이라고 불러. 이것은 궁극적인 것, 절대적인 것, 신성한 것을 묻는 모든 개념을 나타내. 세계를 창조물 혹은 영적인 단일체로 이해하면서 말이지. 모든 것의 토대를 이루는 것은 객관적인 신성한 감각이라고 봤어. 이 나무에는 다양한 형태의 신학적 개념 외에 헤겔과 괴테, 횔덜린 같은 고전적 사상가의 세계 해석도 담겨 있어. 딜타이에 따르면 이 세 가지 세계관이 나란히 서서 사상의 기본 형태를 형성한다는 거야. 이 거목들이 각각 인간사상의 핵심개념을 이룬다는 말이지.

**빌헬름 딜타이**

1833－1911
철학자, 정신과학의 창시자
"인간이 어떤 존재인지는 역사가 말해준다"

**파트릭**  세계관은 또 빠르게 이데올로기로 변하기도 해. 흥미로운 점은 이런 변화가 믿을 수 없을 만큼 성공적이라는 거야. 거기에 넘어가는 사람이 많은 것 같아. 결국엔 부분적으로 그 이데올로기를 위해 살인을 저지르거나 스스로 희생자가 되기도 하고.

**닐스**  맞아. 이데올로기는 피상적인 확신과 안정을 주니까. 그래서 모든 사람들이 매혹되는 거야.

파트릭   그런데 정말로 왜 그렇게 매혹되는 걸까?

닐스   나는 이것도 인간의 정체성 추구와 관계가 있다고 봐. 인간은 자신이 누구인지 알고 싶어 하잖아. 그런데 이데올로기가 이런 물음에 명백한 답을 줄 수 있는 것처럼 인간을 유혹하지. 하지만 이데올로기가 주는 답은 본질적으로 폐쇄적인 세계관이야. 이런 세계에는 단순히 적 아니면 동지만 존재하기 때문에 세계는 다시 작고 명료하게 여겨지지. 그런데 이것이 사람들에게 그들이 누구인지, 이 세계에서 그들이 어떤 위치에 있는지 알고 있는 듯한 만족감을 주거든. 이렇게 볼 때 이데올로기는 마약 같은 유혹적인 생각에 지나지 않아. 사상의 정원에 핀 독버섯일 수도 있고.

파트릭   그 말을 들으니 니클라스 루만<sup>Niklas Luhmann</sup>의 신뢰공식이 생각나는걸. 루만은 전혀 다른 뜻으로 말했을지 모르지만, 신뢰는 복잡성을 감소시킨다는 얘기 말이야. 어쩌면 이데올로기가 자신감을 심어주는지도 모르겠어. 어떤 이데올로기와 그 공동체 속에 있을 때 편안함을 느끼는 건 그 때문이지. 거기에 속해 있으면 자신감이 생기니까 말이야. 다시 말해 그 소속감 덕분에 삶의 복잡한 상황을 단순화시키고, 미지의 대상이나 도전, 위험에 직면했을 때도 아주 명확한 규칙을 적용하게 되는 거야. 말하자면 혼란스럽고 복잡한 상황에서도 무엇을 해야 할지 정확히 알기 때문에 자연히 삶은 단순화되지. 하지만 이데올로기는 비판적인 생각과 이면에 대한 탐구를 어렵게 만들어. 그건 신뢰의 반대인 회의를 먹고사니까 말이야.

닐스  그렇지. 이데올로기는 때로 그렇게 유혹적인 지름길이 되기도 해. 고달픈 자기성찰의 과정을 쓸모없는 것처럼 느끼게 만드는 지름길 말이야.

파트릭  그건 이데올로기의 의미 있는 기능 아닌가?

닐스  장기적으로는 그렇지 않아. 단기적인 부담 경감의 대가로는 너무 비싸니까. 이데올로기에 묶이면 타인에게 고통을 주는 경우가 많아. 역사를 보면 분명히 알 수 있지.

파트릭  그럼 이제 구체적인 예를 살펴볼까? 명명백백하게 잘못 전개된 살인적 이데올로기라고 할 나치즘부터 시작해보자.

닐스  나치즘은 철저한 과정을 거쳐 관철된 서로 다른 세계관들로 이루어져 있어. 우선 유물론적인 세계관으로 인해 생물학적·인종주의적 인간관을 기초로 인종을 우수한 인종과 열등한 인종으로 분류했어. 그로 인해 '제3제국'에서 수백만 명을 학살했고. 열등한 인종이라고 생각했기 때문이야. 그러나 과격한 노선은 '주의'의 자격이 없는 법이야.

파트릭  적어도 인종이라는 말을 쓰는 한, 없다고 봐야지.

닐스  맞아, 당시는 인종이라는 말을 썼어. 나치의 이런 범죄자 같은 생각은 인간이라는 생명체를 야만적으로 '최적화'하려는 시도에 생물학적 토대를 마련해줬고.

파트릭  문화적으로 개조시키려고도 했어.

닐스  그렇지, 나치즘에는 유물론적이고 생물학적인 측면과 정신적·문화적인 측면이 있어.

파트릭  그런 조합이 '제3제국' 특유의 광기를 만들었다고 봐. 한편으로는 분서와 유대교 사원 방화 같은 만행을 저지르고, 다른 한편으로는 '기쁨의 힘(KdF)' 여행이나 빈민급식소, 일자리, 몰수재산 매입특혜, 당 활동 같은 보상조치를 통해서 전문적으로 치밀하게 문화를 재편성하려고 했지. 기계적으로 냉혹하게 사람들을 대량 학살했고.

이런 발상은 신체를 통제하고 폭력적으로 다룰 뿐만 아니라 생각까지 매일 바꾸고 통제하기 위해서였어. 유전적이고 문화적인 통제는 물론이고. 이런 점들이 나치 독일을 상상할 수 없이 잔인하게 만든 것 같아. 생각하면 오늘날에도 등골이 오싹해져.

나치는 군중심리를 이해한 덕분에 그들의 말도 안 되는 이데올로기를 행동으로 옮겼을 거야. 이로써 사상 초유의 세력을 형성할 수 있었던 거고.

닐스  옳은 말이야. 도덕철학자 데틀레프 호르스터는 나치의 이데올로기가 성서의 십계명을 뒤집으려 한다는 것을 간파했어. '살인하지 마라, 도둑질하지 마라, 거짓말하지 마라' 등등의 계명을 철저하게 깨트리고 그 반대로 하려고 했잖아. 유대인처럼 '열등한' 인간에게는 도둑질이나 고문, 살인도 무방하고 또 그렇게 해야 한다고 말이야. 하지만 결국 십계명이라는 도덕적 유산을 파괴하지는 못했어. 그들은 또 이 도덕을 성서에 기록한 이스라엘 민족도 말살하려 들었지.

**파트릭** 이 시기에 등장한 이데올로기로 공산주의도 있어. 당시 널리 퍼져 있던 스탈린주의를 놓고 보면, 공산주의도 본질적으로는 나치 이데올로기와 유사한 점이 있어.

**닐스** 맞아. 흔히들 공산주의를 나치즘과 대척점에 있는 것으로 생각하지만, 정치 현실에서는 비슷한 방법을 사용했지.

**파트릭** 공산주의의 특징은 무엇이라고 할 수 있을까?

**닐스** 공산주의는 생물학적·인종주의적 개량 대신에 사회 상황의 변혁에 치중하지. 공산주의 이데올로기에 따르면, 자본주의 사회경제 속에 사는 사람은 잠재력을 펼칠 수 없는 상황에 사로잡혀 있어. 이 자본주의에서는 모든 인간이 착취당하고, 노동과 소비의 무자비한 순환구조가 전 세계를 무거운 덮개처럼 짓누른다고 봐. 하지만 착취당하는 노동자가 혁명을 통해 모든 것을 변화시키면, 더 이상 자본주의가 존재하지 않는 완벽한 사회가 찾아오고 인간은 마침내 평등과 자유를 누리며 산다는 거야.

하지만 이런 이데올로기에도 문제가 있는데, 국가가 이런 공산주의를 실현하려고 할 때 스스로 전체주의적인 수단을 쓴다는 점이야. 실제로 언젠가 공산주의가 실현될 것이라고 약속하면서, 공산주의 이데올로기를 의심하거나 비판하는 사람은 박해나 고발, 처벌을 했지. 정말 현실이 될지 안 될지 아무도 모르는 이념 때문에 사회 전체를 압박한 거야.

파트릭　몇몇 이론들에 따르면, 오늘날의 지배적인 자본주의 경제 시스템도 이데올로기적인 특징이 강해. 너는 자본주의를 어떻게 평가해? 어쩌면 자본주의와 그 배후의 이념은 무엇인지에 대한 단순한 질문부터 시작해야 할지 모르겠군.

닐스　자본주의는 다른 사회구조와 마찬가지로 이데올로기적인 특징을 띤 경제개념이야. 유명한 프랑크푸르트학파의 비판이론은 자본주의를 그렇게 보고 있지. 이 학파의 설립자 테오도르 아도르노 Theodor W. Adorno와 막스 호르크하이머는 이익의 극대화만 추구하는 자본주의의 극렬한 형태를 보고 이것이 사회와 문화를 위협한다고 말했어.

　무엇보다 아도르노는 미술, 음악, 문학 같은, 본래 자유와 자율을 옹호해야 할 인간의 행위를 점점 이익의 논리로 받아들이면서 이것들이 황폐해지고 있다고 강조했지. 그는 이런 현상을 '문화 산업'이라고 불렀어. 음악과 미술의 경우, 어떻게 많은 돈을 버느냐만 중시한다는 거지. 오늘날 음악 산업은 많은 부분이 실제로 그렇게 전개되고 있어. 스타를 키워 착취하다가 더 이상 돈을 벌어들이지 못하면 도태시켜버리는 식으로 말이지.

　여기서 흥미로운 물음은 물론 '자본주의는 처음에 어떻게 생겨났는가?'라는 거야. 역사적인 면에서 이 질문에 답하려 했던 유명한 연구가가 사회학자 막스 베버Max Weber야. 베버는 20세기 초《프로테스탄트 윤리와 자본주의 정신》이라는 유명한 책을 통해 자본주의가 특정한 종교적 세계관에서 나왔다는 것을 보여주었지.

마르틴 루터가 가톨릭 교회의 현실을 대대적으로 비판한 16세기 종교개혁의 와중에 다양한 프로테스탄트 노선이 생겼어. 그중 막강한 영향력을 지녔던 분파의 하나가 신학자 장 칼뱅Jean Calvin의 이름을 딴 칼뱅주의였지. 칼뱅주의는 인간이 선행을 통해서 천국으로 들어가는 것이 아니라, 신이 인간을 미리 선택받은 자와 그렇지 못한 자로 분류해놓았다고 주장해.

— 테오도르 W. 아도르노 —

1903 - 1969
철학자, 프랑크푸르트학파의 공동설립자
"잘못된 사회에 올바른 삶은 없다"

파트릭 그러니까 엄밀히 말하자면 이미 짜여 있다는 말이네. 내가 태어나기 전부터 하나님이 내 운명을 결정해놓았다는 거니까.

닐스 바로 그거야, 우리가 벗어날 수 없는 하늘의 운명 같은 거지. 이렇게 종교적으로 미리 정해져 있는 것을 예정론이라고 불러. 칼뱅의 가르침에는 눈에 거슬리는 책략처럼 보이는 것도 있어. 지상에서 이룬 성공을 보면 선택받은 자인지 아닌지 알 수 있다는 주장이 바로 그것인데, 사업가가 성공해서 많은 부를 축적했다면 이것은 선택받은 자들의 집단에 속한다는 증거라는 말이야. 당연히 이 시대에는 누구나 선택받은 집단의 구성원이 되려고 했겠지. 이로 인해 땀과 금욕, 이익의 극내화를 중시하는 사회윤리가 급속하게 발전해.

막스 베버

1864 - 1920
사회학자, 종교연구가

"신앙의 투사와는 말이 안 통한다"

파트릭   의식의 측면에서 보자면 참 씁쓸한 퇴보로군. 하나님 같은 외부 대상에게 책임을 완전히 떠넘기는 거니까.

닐스   맞아. 그런데 칼뱅주의는 교리를 절대적으로 중시하기 때문에 어떤 경우에도 사회적 성공을 뽐내서는 안 된다고 했어. 그건 오만하고 불손한 태도니까.

파트릭   그렇게 물질적인 부와 정신적인 특성 혹은 선발자격을 결합한다는 것이 매혹적으로 보이기까지 하는걸.

닐스   그런 형태의 결합이 좀 이상해보이기도 해.

**파트릭**　내가 또 흥미롭게 보는 부분은 그런 부를 드러내서는 안 된다는 점이야. 그런 발상은 어디서 비롯된 것일까?

**닐스**　마치 금욕적이고 겸손하며 믿음이 독실한 사람의 손에 성공이 굴러들어오는 것처럼 보여야 한다고 생각한 것 같아. 부가 절제와 냉정이라는 기독교적 미덕과 조화를 이루어야 하는 거지. 이것을 아주 중요하게 본 거야.

**파트릭**　하지만 결국 은행계좌에 얼마를 모아놓느냐가 결정적인 의미라는 말이잖아. 그런데 이걸 기독교 교리에 따라 달리 말할 수도 있지 않을까? "나는 돈을 엄청 많이 벌어. 남는 건 가난한 사람들에게 나누어 주겠어"라고 말야.

**닐스**　하지만 그렇게 해서는 안 돼. 그건 신성한 질서를 어기는 일이니까.

**파트릭**　아하. 말하자면 빈곤은 하나님의 벌이고 일종의 낙인이라서?

**닐스**　그런 셈이지. 또 내게는 하나님이 하는 일에…….

**파트릭**　……간섭할 권리가 없다?

**닐스**　맞아, 그렇게 생각한 거야. 중요한 것은 우쭐대며 뽐내지 않고 성공을 거두는 것이니까. 사람들은 때로 값비싼 물건을 사서 아무도 못 보게 궤짝이나 금고에 숨겨놓았어. 선택받은 자가 된 것을 축하하고 신의 영광을 찬미하기 위한 수단으로만 부를 생각한 거야. 막스 베버에 따르면, 이런 금욕과 근면의 종교적 토대가 노동과 성과에 대한 엄청난 욕망으로 이어졌지. 검소하게 절제하면서도 물질적인 부를 축적하기 위해 엄청 부지런하게 땀 흘려 일했다는 말이야.

**파트릭** 오늘날의 시각으로 보면 완전히 엉뚱하고 앞뒤가 안 맞는 얘기야. 어차피 이미 정해져 있다면 그렇게 힘들여 고생할 필요가 없잖아.

**닐스** 그렇지.

**파트릭** 어떻게 보면 자신을 속이는 것 아닌가?

**닐스** 맞아, 내가 볼 때는 언제나 미리 숨겨놓은 토끼를 모자에서 꺼내는 마술사 같다고나 할까. 성공을 위해 열심히 일하고 뒤에 가서는 모든 것이 예정된 것이라고 말하는 꼴이니까. 믿어지지 않지만, 이 교리는 종교개혁 시대뿐 아니라 그 이후 유럽과 북아메리카에도 깊은 영향을 주었어.

**파트릭** 고전적인 서사구조를 지닌 이야기라는 말이로군.

**닐스** 그래, 딜타이 식으로 말하면 객관적-관념론적 서사구조야. 세계와 그 속에 자리 잡은 인간의 위치가 인간의 의지나 행위와는 무관하게 신의 의지에 따라 정해진다는 이야기 말이야.

**파트릭** 어찌 보면 조금 변형된 모습으로 지금 시대까지 지속되는 이야기라고 할 수도 있어. 오늘날의 주식회사 같은 구조가 그런 식이 아닐까? 한 명의 소유주가 아니라 익명의 여러 주주들이 소유한 회사 말이야. 자본을 토대로 하고, 인간적인 고리에서는 완전히 벗어나 있고, '주주 가치'의 원칙을 내세우는 회사. 이런 기업은 이제 재고상품이나 기계설비, 거기서 일하는 사람의 가치가 아니라 오로지 증권시장의 거래가격에 방향을 맞추지. 자본이 많이 쌓일수록 주주에게는 더 가치가 올라가고 그러면 주주는 다시 자본을 늘리는 데 관심을 두는 거야.

**닐스** 근면과 검소의 논리가 역사의 흐름을 거치면서 그 종교적 토대를 벗어나 독립적으로 발전한 셈이야. 칼뱅주의의 객관적 관념론의 윤리가 자연주의적인 자본주의 윤리로 계속 발전한 거지. 칼 포퍼 식으로 덧붙이자면, 부와 성공에 대한 무조건적인 욕망이 문제없는 것으로 인정받으면서 사실상 이런 욕망이 엄청난 성장으로 이어졌다고 말할 수 있어. 이런 흐름을 막스 베버는 아주 그럴듯하게 표현했지. 프로테스탄트 윤리가 자본주의를 안장에 올려놓았고 이때부터 말에 올라탄 자본주의는 쉴 새 없이 계속 질주했다고. 오늘날까지 말이야.

**파트릭** 거기에 자본주의는 없고 아주 다양한 흔적과 흐름, 특히 해석만 있다는 말을 덧붙여야 해. 이른바 이야기 속의 이야기인 셈이랄까. 예를 들어 신자유주의를 보면 흥미롭게도 다시 종교적인 특징을 띠고 있어. 이런 흐름의 원조로 애덤 스미스와 그의 저서 《국부론》을 거론하곤 해. 이 책의 딱 한군데에 시장의 보이지 않는 손이라는 말이 나오는데, 이 자유로운 손에는 그 자체로 뭔가 신성한 의미가 담겨 있어. 즉 신자유주의가 동원하는 사고방식에 따라 모든 규제를 풀면 시장은 저절로 돌아간다는 거지. 또 하나님이 어떻게든 바로잡을 것이라고 말할 수도 있고.

**닐스** 이때 급진적인 시장 자유주의자들은 더 이상 종교적 논증에는 관심 없고 오로지 자유로운 시장의 내적인 역동성만 강조하지.

**파트릭** 하지만 그 속에도 이들의 종교가 숨어 있어. 보이지 않는 자율규제의 힘에 대한 믿음 말이야. 나로선 전혀 찬성할 수 없지만.

**닐스** 그래, 옳은 말이야.

**파트릭** 시장에서 규제를 한다는 거야, 시장이. 그런데 도대체 누가 시장이야? 사람과는 어떤 관계도 있을 필요가 없는 뭔가 추상적인 것처럼 들리잖아? 또 어디서나 '시장의 법칙'이란 말을 하고, '시장을 달래기 위해' 마치 제물이라도 바쳐야 한다는 투야. 또 실제로 그렇게 하고 있고. 내가 볼 때는 이런 모습도 너무 종교적이야.

평소에 난 사람들에게 체코 경제학자 토마스 세들라체크<sup>Tomáš</sup> Sedláček의 《선악의 경제학》을 읽어보라고 권해. 그 책이 이런 종교적인 특징을 아주 놀라운 필치로 설명하고 있거든.

역사상 아주 중요한 주인공은 또 있어. 이런 자본주의 체제를 정확히 설명하고 끈질기게 비판할 뿐만 아니라, 맞서 싸울 것을 호소하는 일에 최초로 열정을 쏟은 카를 마르크스<sup>Karl Marx</sup> 말이야.

닐스    카를 마르크스와 프리드리히 엥겔스<sup>Friedrich Engels</sup>는 공산주의 이념의 중요한 창시자지. 이 이념에 대해서는 우리가 이미 간단하게 훑어봤고. 마르크스는 생전에 19세기 노동계급의 극심한 빈곤과 참상을 낳은 자본주의의 극단적인 특징을 지켜봐야만 했어.

마르크스는 이런 빈곤의 원인이 자본주의 경제 시스템 자체에 있다고 보는 명제를 세웠어. 생산 시스템이 노동자를 망가트리고 무자비하게 착취한다는 거야. 뿐만 아니라 노동을 분배하고 조직하는 방식이 인간의 주요 관심사인데, 그 방식이 들쑥날쑥한 불만의 원천이고 거기서 이 세계의 모습이 나온다는 거였지.

이런 이유로 마르크스는 문화사의 흐름 속에서 생겨난 경제 시스템을 분석하는 일에 완전 매진했어. 이때 그는 '지금까지의 모든 사회사는 계급투쟁의 역사'라는 구조가 반복된다는 것을 발견했지. 이런 배경에서 한 집단이 지배하면서 다른 집단을 억압하는 것이 계속 문제가 된 거야. 마르크스에 따르면, 이런 구조는 수천 년간 반복되었어. 이런 현상은 고대 그리스 시대에도 볼 수 있지. 세련되고 민주적이며 교양을 갖춘, 부족함이 없는 아테네 시민들이 있었어. 그런데 정작 그들의 뒤에서 밭을 경작하고 가축을 돌보는 사람들은 누구였을까? 누가 더러운 일을 했을까? 아테네의 시민들? 천만에! 세련된 시민들이 억압하는 노예들이었어. 이들은 짐승처럼 착취당하는 계급이었지.

이런 구조는 계속돼. 중세 봉건체제에서는 귀족들이 삶을 즐기는 동안 농노들이 그들을 위해 일했지. 그러면서도 고생과 가난밖에는 몰랐어. 그리고 근대 프로테스탄트 시대에 막스 베버가 살펴본 것처럼 자본주의가 본격적으로 가동되면서 첨예하게 두 진영으로 갈라져. 마르크스가 자본가라고 부르는 고용주와 노동자, 즉 프롤레타리아로 나뉜 거지. 자본가는 공장과 기계를 소유하고 필요에 따라 경제적 관계를 형성했어. 반면에 노동력 외에는 가진 게 없는 프롤레타리아는 임금을 받기 위해 공장주에게 노동력을 상품으로 제공할 수밖에 없었지.

마르크스는 이런 상황에서 엄청난 대붕괴가 나타날 것이라고 말했어. 노동자는 이전의 노예나 농노처럼 정당한 대우도 못 받고 적은 임금을 받으면서 점점 더 가난해지고 곤경에 빠지다가 급기야는 자본가에 대한 분노밖에 남지 않는다는 거지. 마르크스에 따르면 바로 그 다음 순간 불가피하게 혁명이 일어난다는 거야! 프롤레타리아는 공장으로 몰려가 통제권을 접수하고 착취구조를 끝장내겠지. 마르크스 말로는 바로 이때가 세계를 근본적으로 바꿀 기회라는 거야.

이제 사회는 이익에 대한 탐욕과 착취가 주도하지 않아. 모든 것이 모든 사람에게 속하고 재화는 각자의 필요에 따라 분배되는 구조를 갖게 될 테니까. 계급투쟁의 기본구조는 이것으로 극복되고 인간은 마침내 해방돼 행복하고 자율적인 삶을 누린다는 말이지.

이런 상태를 마르크스는 공산주의라고 불렀어. 잠시 숨 좀 돌리고…….

카를 마르크스

1818－1883
철학자, 공산주의의 창시자
"지금까지의 모든 사회사는
계급투쟁의 역사다"

**파트릭**　이제는 마르크스를 역사적 맥락에서 제대로 평가하는 것이 아주 중요해. 다시 말해 마르크스에 대한 해석은 오늘날 평행선을 그리는 것처럼 보이는데, 역사적 전개의 측면에선 전혀 다르게 설명할 수도 있다는 거지. 즉 마르크스 이후 공산주의는 자본주의의 대응운동으로서 실제로 큰 활력을 얻었어. 그리고 러시아에서처럼 몇몇 국가에서는 실제로 이런 혁명 과정이 있었고. 레닌이 귀국하면서 러시아에서는 혁명과 기업몰수가 동시에 실시되었고 국가는 노동자와 농민계층의 대표로서 모든 것을 관장하는 최고 통제기구가 되었지.

　여기까지는 분명히 마르크스가 생각한 대로 전개된 게 맞는데 언젠가부터 사태는 극단적으로 돌변해. 적어도 스탈린 이후로 완전히 뒤집힌 것은 이념이 치명적인 이데올로기로 변했기 때문이야. 스탈린과 함께 무섭고 잔인한 전체주의적 통치계급이 새롭게 등장했어. 이제는 노동자 대 자본가가 아니라 스탈린 대 민중의 대립구조가 됐지. 마르크스는 이런 사태를 꿰뚫어보았을까? 철학자일 뿐만 아니라 행동가이자 혁명가였던 그도 지배와 권력의 본질적 구조는 몰랐던 것 같아. 그런 사태가 일어나리라는 것도 예측하지 못한 것 같고. 안 그래?

**닐스**　그래, 그렇게 볼 수도 있지. 마르크스가 남긴 유명한 어록 중에 '철학자는 세계를 다양하게 해석하기만 한다. 하지만 중요한 것은 세계를 바꾸는 것이다'라는 말이 있어. 마르크스는 행동하는 철학을 중시했어. 철학은 분석에만 머물러서는 안 되고 세계 개선을 위해 알려진 법칙을 이용해야 한다는 거지. 그는 재기가 번뜩이는 한편으로 권력과 통치 구조를 아는 뛰어난 사회학자이자, 사회변화를 적극 주장한 정치가였어. 어쩌면 이런 정치적인 창조의지 때문에 노동자 혁명 이후에 다시 독재가 생길 위험성을 못 본 건지도 몰라. 안타깝게도 그런 위험은 현실로 구체화되었고 말이지.

**파트릭**  그런 점에서 마르크스주의는 네가 말한 철학의 정원에서 특수한 나무가 된 건가?

**닐스**  맞아, 마르크스주의는 유물론적 세계관을 지닌 독자적인 나무가 됐어. 거대한 자연주의 나무의 뿌리에서 나온 나무라고 할 수 있지. 마르크스는 존재가 의식을 결정한다고 강조했는데 그런 이유로 그의 역사철학을 '역사적 유물론'이라고 부르기도 해.

**파트릭**  이후의 위대한 사회학자와 철학자들은 무엇보다도 마르크스의 이론을 그들의 사상체계 속에 통합했어. 특히 푸코가 생각나. 푸코는 마르크스주의의 사유 형태와 거리를 두고 완전히 새롭고 독자적인 것을 발전시키려고 했지. 권력과 통치권의 구조에 집중적으로 매달리면서 그 스스로 '권력관계'라는 개념을 사용하고. 물론 처음에 상당 부분 마르크스의 이론을 흡수하기도 했던 건 마르크스가 권력구조를 암시한 적이 있었기 때문이야. 하지만 마르크스는 억압받는 프롤레타리아를 위해 권력구조를 뒤집고 싶어 했어. 이 부분에서 푸코는 마르크스의 영향을 벗어나 권력관계의 구조 자체를 더 중시하게 됐지. 추상적·포괄적·가치중립적으로 더 분석하려 했지만, 그 분석을 토대로 정치와 사회를 위한 추론을 시도하지는 않았어.
　　마르크스주의의 특징을 띤 또 하나의 거대한 사상 흐름으로 아도르노와 호르크하이머가 세운 프랑크푸르트학파가 있어. 혹시 이 학파에 대해 설명해줄 얘기 있어? 이들이 정확히 마르크스를 어떻게 보았는지?

닐스   프랑크푸르트학파는 철학자 테오도르 W. 아도르노와 막스 호르크하이머로 거슬러 올라가는 철학적 전통, 다시 딜타이 식으로 표현하면 정원의 나무를 말해. 두 사람은 1923년 프랑크푸르트 암마인에 설립된 사회학 연구소에서 가장 영향력 있는 지도자들이었지.

호르크하이머와 아도르노는 처음에 계급 없는 사회라는 마르크스의 발상에 매혹되었어. 그런데 1929년 미국 주식시장의 붕괴로 세계경제공황이 일어나. 하지만 독일에서는 공산주의 혁명이 일어나기는커녕 오히려 나치의 이데올로기에 놀아나기만 했지. 국민들이 30년대에 좌파 대신 극우파를 지지한 거야.

이런 사태를 목격하면서 두 철학자는 의문에 휩싸였어. 도대체 왜 이런 사태가 발생하는 것일까? 그러다가 사람들이 정치적으로 언제나 합리적인 행동을 하는 것이 아니라, 아주 엉뚱하고 불합리한 동기에 영향을 받는다는 것을 깨달았지. 그래서 무의식의 전문가인 지그문트 프로이트로 관심을 돌리게 돼.

프로이트의 글을 읽으면서 마르크스 이론의 연장이라고 할 만한 요소들을 발견한 아도르노는 역사적 유물론과 정신분석을 결합해서 이른바 비판이론을 만들어내. 이 새로운 도구상자를 가지고 사회구조를 연구했지.

그는 마르크스를 읽으면서 단조로운 노동을 통해 인간의 우둔함이 여전히 드러나고 있음을 알았고, 프로이트를 읽으면서는 교육 및 사회화의 과정에서 권력에 대한 탐욕이 드러나는 이유를 깨달았어. 비판이론을 통해 그는 단순히 노동과 생산에만 시선을 돌린 것이 아니라 가정에서 아이들이 어떻게 자라나는지도 관찰했어. 그 결과 폭력과 억압이 아이들을 굴종적이고 파렴치한 존재로 만들며, 이것이 정의로운 사회의 실현을 방해한다는 점을 깨달았지. 이것은 아도르노의 주요한 발견 가운데 하나야.

프랑크푸르트학파의 비판이론은 다른 철학자들에게 큰 영향을 주었어. 특히 프랑스에서 미셸 푸코 같은 저자들은 호르크하이머나 아도르노와 아주 비슷한 방법으로 권력담론의 덮개를 벗기고 분석을 시도했지.

**파트릭** '담론'이라는 말을 자주 쓰는데, 그 용어를 설명하고 넘어가는 게 어때?

**닐스** 푸코는 문화와 사회에 나타난 권력의 흐름을 담론이라는 개념으로 표현했어. 담론은 사회에서 의심 없이 유통되는 가설과 의견이야. 어머니가 집에 있는 것이 아이에게 가장 좋다거나, 인생은 자신이 개척하기 나름이므로 직장에서의 좌절도 본인의 책임이라든가, 이민자들이 사회의 주류문화를 해친다는 말이 담론에 해당한다고 할 수 있지.

푸코는 이런 '그럴싸한 말들'이 사실은 하나의 견해에 지나지 않으며, 이런 견해의 뒤에는 권력에 대한 관심이 숨어 있다고 했어. 앞의 예에서 남자들은 사실 '강력한 성적' 지위를 잃어버릴까봐 불안한 것이고, 기업은 경쟁에서 유리한 위치를 확보하기 위해 저비용으로 많은 노동력을 고용하고 싶은 것이며, 정치인은 재선을 위해 적의 이미지를 만들어내고 있을 뿐이라는 거지.

파트릭   역사적으로 볼 때 중세는 신학적 담론의 시대였다고 할 수 있어. 그때는 만사가 신과 교회로 집중되었으니까 말이야. 그리고 계몽주의는 다시 합리적이고 과학적인 담론으로 규정되지. 오늘날은 다양하게 혼합된 형태로 셀 수 없이 많은 담론이 존재하고. 부분적으로 대립하거나 병존하는 것도 있고 말이야.

닐스   그렇게 말할 수 있지.

파트릭   담론은 모든 사회화 요인의 총합이 아닐까?

닐스   담론은 일종의 여론을 형성하는 큰 파도라고 봐야지. 말하자면 무리를 형성하는…….

파트릭   ……떼 말이야?

닐스   맞아. 같이 헤엄치는 물고기 떼. 청어가 자신의 떼를 놓치면 방향을 잃고 절망적인 상황에 놓일 거야. 그러므로 담론에 반대하는 것은 어려운 일이기도 해. 길 잃은 청어처럼 될 테니까.

파트릭   다시 프랑크푸르트학파 이야기로 돌아가볼까? 네가 지적하길, 그들이 의문을 품었다고 해서 묻는 건데 프랑크푸르트학파는 답을 찾았어?

닐스   아도르노는 학술 활동 만년에 비판적으로 변했어. 예술에서 겨우 인간이 자유를 경험할 가능성을 보았지. 하지만 에리히 프롬

Erich Fromm이나 허버트 마르쿠제Herbert Marcuse 같은 위대한 인문주의 사상가들이 일할 수 있는 사회학 연구소를 창설했다는 데 그의 진가가 있어.

권위에 굴종하는 정신적 원인을 밝히는 데 있어선 아도르노나 호르크하이머보다 이들이 더 열심이었어. 그리고 이들은 제2차 세계대전 이후에도 세계적으로 널리 퍼져 있던 엄격한 가정교육을 신랄하게 비판했지. 이런 교육이 아이들에게 너무 심한 억압과 폭력을 행사한다고 말이야.

파트릭   모욕을 준단 말인가?

닐스   심한 모욕과 거절이 다반사였지. 에리히 프롬은 이처럼 지나치게 엄격하고 권위적인 교육방법이 인간을 공격적이고 권위적으로 만드는 본질적인 원인이라고 봤어. 프롬과 마르쿠제 같은 철학자는 이후 민주사회를 부르짖는 68운동에 큰 영향을 미쳤지. 이런 의미에서 프랑크푸르트학파의 대표 학자들은 앞에서 언급한 의문에 대한 답을 찾는 데 큰 역할을 한 거지.

파트릭   이 대목에서 우리가 이야기했던 교양 개념을 다시 꺼내야겠어. 그것이 담론과 관련된 문제에도 아주 잘 적용되기 때문이야. 교양은 담론에 비판적 질문을 제기하게 해주는 도구 같은 게 아닐까? 담론의 덮개를 뜯어서 열어보게 해주는? 기존의 담론을 향해 "아니요"라고 말하고, 무리 속의 청어일지라도 혼자 물결을 거슬러 헤엄치게 해주는 능력 같은 것 아닌가 말이야.

그리고 교양은, 모욕을 받았을 때도, 즉 의도적인 사회화가 빗나

갈 때도 발생할 수 있어. 그렇다면 사회화 과정에서 발생한 정신적인 상처를 다스리게 해주는 정신요법은 일종의 교양 과정이 아닐까?

닐스　페터 비에리는 훌륭한 정신요법은 언제나 교양 과정이기도 하다고 말했어.

파트릭　그래, 분명히 그럴 거야. 아마 내가 받은 정신적인 상처의 이면을 캐고 그것을 다른 시각으로 바라보며 모욕감을 극복할 수 있기 때문일 거야. 다시 말해 모욕감과 거리를 두고 거기서 벗어나면 교양 과정의 다음 발걸음을 뗄 수 있어. 끊임없이 그 일을 모욕의 렌즈를 통해 바라보는 대신, 먼저 의심을 푼 다음 가능하면 열린 마음으로 다가가기 때문일 거야. 예를 들어 사회적으로 통용되는 현실적인 미의 이상에 걸맞지 않아 괴로운 젊은이들은 교양 과정을 통해 미의 이상 자체를 비판함으로써 자신을 긍정적인 눈으로 보게 돼.

닐스　맞아, 나도 그렇게 생각해.

파트릭　그리고 교양에는 언제나 탄탄한 안정감도 필요하지 않을까?

닐스　안정감과 자신감이 있어야지.

파트릭　내가 보기엔 그게 결정적인 요소 같아. 혼돈과 자의적인 폭력이 지배하고 안정적인 토대가 결여된 영역에서는 교양 과정이 발생할 수 없지. 우리는 언제나 사람들이 교양을 더 쌓아야 한다고 주장하지만 먼저 굳건한 토대와 안정이 전제돼야 하지. 존재의 불안은 교양을 억제하거나 심지어 방해하니까 말이야.

닐스 　맞아. 교양은 평화와 안정적인 환경이 필요한 비교적 높은 단계의 과정이야. 에리히 프롬은 흥미롭게도 애착과 교양을 정신분석학적으로 결합하려고 했어. 부모나 주변인에 대한 유아기의 안정적인 애착은 훗날 교양 과정의 훌륭한 토대가 된다는 거야. 아도르노도 학술활동 초기에 이런 현상을 확인했지만 말년에는 지극히 암담한 비관주의를 발전시켰어.

파트릭 　그의 암담한 비관주의에 대해 문득 이런 생각이 든다.

닐스 　어떤 생각?

파트릭 　아도르노는 부분적으로 의도와 무관하게 68운동의 우상이 되었어. 68운동은 사실 아도르노 세대의 권위적 체제에서 벗어나겠다는 목표가 있었지. 학위 가운 속의 곰팡내를 제거한다는 구호(68운동 당시 교수들의 보수적 사고를 비판하던 표현―옮긴이)가 있었잖아. 그런데 어느 시점엔가 상당 부분이 스스로 권위의 함정에 걸려든 거야. 운동의 과격화가 그 증거지. 이 운동에서 파생된 테러리스트 노선 독일적군파(RAF)만 생각해봐도 그래. 당시 대학에는 온통 불안과 소요가 판을 쳤고 아도르노의 강의실에서까지 소란이 일어날 정도였으니 그의 마음에 들었을 리가 없지.

닐스 　그래. 인구에 회자되는 전설적인 장면이 그때 연출되잖아. 아도르노가 강의를 시작하려 할 때, 여학생 세 명이 강의실로 들어와 그 앞에서 상의를 벗었지. 속에는 아무것도 걸치지 않은 알몸인 채로 말야! 아도르노는 그런 극단적인 행동에 충격받아 가방으로 얼굴을 가리고 강의실에서 뛰쳐나왔어.

**파트릭**  그때 아도르노의 강의는 갑자기 만원을 이루었어. 학생들이 당시 발생한 정신적인 진공상태를 메우려고 했으니까.

**닐스**  맞아. 그리고 학생들은 아도르노가 마르크스를 어떻게 해석하는지, 어떤 사회적 유토피아를 품고 있는지 알고 싶어 했지. 이런 새로운 생각이 나치의 과거 청산에 대한 요구와 맞물려 믿을 수 없이 설레는 분위기를 형성했고. 68세대가 알고자 했던 것은 왜 나치즘이 등장했는지, 그리고 부모세대는 그것과 어떤 관계가 있는지였어. 아도르노는 처음에 이 모든 것을 적극 환영했지만, 68운동의 결과물들(노래, 그림, 책)이 즉시 자본주의적으로 이용되는 것을 알아차린 거야.
　당시 유명한 것 중에 장엄한 저항가가 있었는데, 기업들은 즉시 음반 계약을 하고 이 음악을 상품화하려고 했지. 아도르노로선 그 음악상품에 달라붙은 돈과 시장의 냄새가 역겨웠을 수밖에. 나는 자본주의 체제와 그와 맞물린 전략적 사고가 너무 유연하고 적응력이 뛰어나다는 것을 경험한 아도르노가 점점 회의적으로 변했다고 생각해.

**파트릭**  얼마든지 그렇게 이해할 수도 있지.

닐스  그래, 그리고 68운동이 크게 변했다는 것도 알아야 해. 많은 해방운동은 이 시기의 저항 없이는 생각할 수 없을 거야. 페미니즘이나 미국의 흑인차별에 대한 격렬한 투쟁이 그 예야.

파트릭  프랑크푸르트학파의 경향은 어느 방향으로 진행돼? 그중에 오늘날까지 남은 현상은 뭐고?

닐스  아도르노의 제자가 시작한 중요한 개혁이 있어. 그 우등생이 바로 앞에서 언급한 위르겐 하버마스야.

파트릭  하버마스는 아직도 생존해 있잖아.

닐스  나는 몇 년 전 하버마스가 프랑크푸르트 대학에서 강연할 때 직접 만나기까지 했어. 당시를 떠올리면 곤혹스러운데, 그의 저서를 한 권 들고 가서 강연 후 사인을 부탁했어. 옆에 '닐스에게'라고 써달라는 부탁과 함께. 그런데 그는 짜증스러운 표정으로 나를 쳐다보더니 아무 말 없이 자기 이름만 써주는 거야. 이후로 나는 절대 누구의 저서에도 사인을 부탁하지 않아.
　하버마스는 프랑크푸르트학파의 비판이론에서 '잡동사니를 제거했다'고 말할 수 있어. 그는 프랑크푸르트학파가 마르크스주의와 상당 부분 결별했다고 주장하면서 60년대까지만 해도 마르크스주의로 간주되던 이론적인 내용을 제거했어. 대신 미국철학에서 상호작용론을 발견했는데, 특히 조지 허버트 미드의 논문을 주목했지. 미드는 상호소통하고 만나서 대화하며 관계를 맺는 과정에서 인간의 개성이 형성되고 변하는 방식에 관심을 쏟은 인물이야. 마르크스처럼 거시적으로 사회를 분석하기보다는 실용주의적인 상호작용 분석에 더 치중했어. 그 때문에 하버마스는 어떤 혁명을 강조하기보다 인간이 교우관계나 가정에서 만들어낼 수 있는 자유공간을 주목하게 돼. 물질의 획득이 목적이 아니라 인간이 중심이 되는 공간 말이야. 하버마스는 이렇게 특별한 관계를 위해 성공과 이익의 논리를 중시하는 게 아닌 '소통의 행위'가 전면에 부각되는 공통의 '자연보호구역'을 세우자고 부르짖었지.

**파트릭**  그렇다면 조금은 체계이론의 영향도 받은 것 아닌가?

**닐스**  그래, 하버마스는 다양한 사회체계를 그들의 소통형태에 따라 분석했어. 경제체계는 정치체계와는 다른 소통원칙에 따라 작용한다는 거지. 또 이것은 종교적인 체계와도 다르고 말이야. 이런 연구를 통해 경제체계가 다른 삶의 영역을 '식민지화'하는 경향이 있다는 것을 발견했지. 가령 신뢰와 사랑, 애착은 측량하거나 계산할 수 없고 돈을 주고 살 수도 없는 거잖아. 이처럼 뭔가 다른 가치가 우선하는 고유한 자유공간이어야 할 가정과 교우관계에서도 갈수록 성과와 성공, 일을 중시한다는 거야. 하버마스는 지금도 전개되고 있는 이런 현상을 커다란 위험으로 여겼어.

**파트릭**  그러니까 그는 개별적인 주관보다 개인 간에 상호작용하며 관계를 맺는 방식에 초점을 맞춘다는 말이군.

**닐스**  바로 그 말이야. 그의 말마따나 하버마스는 인간의 '삶의 세계'를 위한 구체적 상호작용의 형태에 관심을 갖고 있어. 또 과거 프랑크푸르트학파의 대표학자들이 스스로 발견한 지그문트 프로이트의 정신분석은 더 이상 많은 측면에서 신선하지 않고 부분적으론 시대에 뒤진 것으로 간주해야 할 필요를 깨닫고는 현대 심리학, 그중에서도 장 피아제의 발달심리학에 더 많은 관심을 기울였지. 고전적인 프랑크푸르트학파의 마르크스와 프로이트의 결합은 하버마스를 통해 상호작용론과 인지심리학의 새로운 결합으로 보충된 셈이야.

**파트릭**   과거 학파의 이데올로기에서 한걸음 벗어나 새로운 역사적 맥락에 적응한 것으로 봐야겠군. 거기서 일종의 진화가 이루어진 것이고.

**닐스**   그렇다고 봐야지.

**파트릭**   사상가들의 진테제네.

**닐스**   내 생각도 같아. 그것 때문에 하버마스를 비판하는 이들도 있지만.

**파트릭**   왜?

**닐스**   일부에서는 그가 비판이론의 고전적인 강령을 배신한 것이라고 주장했어. 하버마스가 마르크스와 프로이트를 그런 식으로 상대화해서는 안 된다는 거였지.

파트릭   근본주의자들 얘긴가?

닐스   그래, 이 분야에서도 당연히 그런 자들이 과거에도 있었고 지금도 있다니까.

파트릭   불쌍한 자들 같으니라고.

닐스   그 과정에서 하버마스의 개혁은 고전적인 비판이론에 굴하지 않고 당당하게 그 뜻을 관철했지. 하버마스는 20세기에 엄청나게 큰 비중을 차지하는 철학자 중 한 사람이야. 그가 없었다면 아마 프랑크푸르트학파는 역사에서 완전히 사라져버렸을걸.

자연주의

자유의 관념론
(주관적 관념론)

객관적 관념론

빌헬름 딜타이

# 철학의 정원

## 이데올로기

국가사회주의

군중심리학

공산주의

# 자본주의

막스 베버

〈프로테스탄트
윤리와
자본주의 정신〉

칼뱅주의

예정론

기원

사조

신자유주의

애덤
스미스

〈국부론〉

반대사조

#ㅋ
ㅅ

카를 마르크스
프리드리히 엥겔스

담론

미셸 푸코

관계설정

공산주의

계급투쟁

부르주아지

프롤레타리

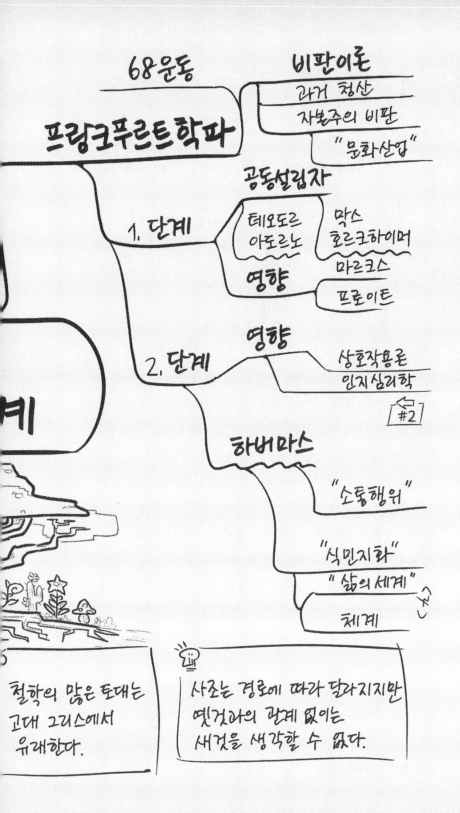

68운동　　비판이론

프랑크푸르트학파

과거 청산
자본주의 비판
"문화산업"

공동설립자

1. 단계　테오도르　막스
　　　　아도르노　호르크하이머

영향　　　마르크스
　　　　　프로이트

2. 단계　영향　　상호작용론
　　　　　　　　인지심리학

←#2

하버마스

"소통행위"

"식민지화"
"삶의 세계"
체계

철학의 많은 토대는
고대 그리스에서
유래한다.

사조는 경로에 따라 달라지지만
옛것과의 관계 없이는
새것을 생각할 수 없다.

**8장**

# 신
### 종교와 신성한 세계

**파트릭**  1부와 2부에서는 '나'와 '우리'를 다루었어. 이제 끝으로 미지의 것, 설명할 수 없는 신비로운 것, 신성한 것으로 넘어가볼까? 종교부터 시작해보자. 대체 종교란 무엇일까?

**닐스**  여기서도 사회과학적인 관찰방법이 좋을 것 같아. 그게 지금까지의 우리 접근방식에 가장 잘 어울리는 것 같거든. 이 말은 신이 존재하는가, 존재하지 않는가, 신의 존재를 증명하거나 반박할 수 있는가라는 신학적·종교철학적 문제를 일단 접어두고, 종교를 사회현상으로서 가능하면 가치중립적으로 냉정하게 바라보자는 뜻이야.

'종교Religion'라는 말에는 라틴어의 '렐리기오religio'라는 의미가 들어 있어. 이 말은 '결합' 혹은 '묶음'이라는 뜻인데, 따라서 종교는 신성한 것, 궁극적인 것, 절대적인 것과의 개인적 관계를 나타낸다고 말할 수 있어. 유대교나 기독교, 이슬람교 같은 일신교에서는 이 궁극적이고 절대적인 것을 인간에게 나타나는 인격신으로 이해하지. 인간은 사람을 대하듯 신을 향하고 기도하며 신과 실질적인 관계를 맺는다는 의미야. 하나님이 '당신'이라는 상대로 나타나는 거지.

파트릭  실제로 뭔가 인간적인 존재로 나타난다고?

닐스  맞아. 일신교에서는 신이 인간을 한없이 뛰어넘으면서도 동시에 인간적 특성들을 전부 갖고 있다고 생각해. 사람이 가장 소중하고 고귀한 존재이므로 신 또한 그에 뒤처지지 않도록 인간의 특성을 전부 갖춘 모습으로 신을 구체화시켰지.
　　기독교에서는 신이 구체적인 사람으로(예수 그리스도) 인간에게 나타났고, 예수의 삶과 활동을 통해 신의 존재를 인간에게 직접 보여주려 했어. 또 우리가 지금 중점적으로 다루는 '관계'라는 주제가 여기서 새롭게 나타나. 더 이상 구체적인 인간 사이의 관계에서 그치는 것이 아니라, 절대적이고 영원한 것과 사람의 관계라는 형태를 띠지.

파트릭  프로이트의 표현을 빌린다면, 신을 초자아라고 할 수도 있을까?

닐스  프로이트는 실제로 신을 그렇게 생각했어. 그에게 종교적인 상상은 인간이 어떤 가치를 따를 것인지를 말해주는 초자아의 본질적인 부분을 형성하고 있지. 그래서 종교에는 언제나 십계명 같은 도덕적인 기준이 있는 거야. 이런 가치와 기준의 전달자인 신을 프로이트는 투사현상으로 보았는데, 즉 인간이 현실적인 부모와의 관계를 하늘로 옮겨놓고 거기에 전능한 신을 숭배할 수 있도록 모셔놓은 거지. 선물이나 벌을 주면서 언제나 우리를 눈여겨보는 성모의 이미지로 말이야. 프로이트에게 신의 개념은 인간이 성인이 될 때까지 보존하고 싶어 하는 유아기 이미지의 잔재야. 그래서 그의 종교론은 일신교적 신의 개념에 대한 비판이기도 해.

하지만 반면에 인격적인 신의 개념에는 전혀 관심을 두지 않고, 모든 것을 포괄하고 있는 우주의 유일한 실재가 신이라고 말하는 종교도 있어. 특히 극동아시아의 문화에서 발생한 이런 가르침에서는 세계를 신이 창조한 것이 아니라 그 자체로 무한한 것으로 받아들이지. 신앙의 목표는 환상으로서의 신의 정체성이라는 가면을 벗겨내고 그런 유일성 속으로 녹아드는 거야. 이때 자아는 바다의 파도처럼 나타나. 전체의 일부이기는 하지만 그 자신의 실체는 없는 파도 말이야.

**파트릭** 그런 생각은 어느 정도는 삼위일체와 비교할 수도 있지 않을까? 다시 말해 그런 유일성의 합이 삼위일체라고 말이야.

**닐스** 그래. 성부, 성자, 성령의 삼위일체라는 기독교 교리는 서로 다른 신의 이미지를 결합하려는 문화적 시도라고도 할 수도 있지. 인격적인 신의 개념은 아버지의 이미지로, 세계에서 일어나는 신의 작용은 성령의 개념으로, 신의 존재는 인간화된 아들을 통해 분명히 표현하고 있거든. 삼위일체는 종교적 신앙의 내용을 체계화하려는 기독교적인 시도야.

세계의 종교는 모두 종교적 태도를 철학적 개념과 결합한 신앙체계의 설계도를 그리고 있어. 이런 체계는 인간적인 사고의 최대 업적 중 하나랄까. 일신교나 극동아시아의 가르침을 막론하고, 이성의 도움으로 각자의 신앙에서 나오는 것을 더듬어 알아내고 설명하려고 시도하면서 극단적인 차이를 보이는 신학을 만들어냈지. 하지만 인간과 궁극적인 것, 절대적인 것과의 관계라는 점에선 공통분모를 갖고 있어.

**파트릭** 이제 당연히 무신론적인 관점도 말할 수 있을 것 같은데. 합리적이고 과학적인 설명으로 더 이상 앞으로 나가지 못할 때면 인간은 늘 신을 찾는다는 식으로 말이야. 신의 개념을, 인간에게 알려지지 않은 것, 설명할 수 없는 것의 빈틈을 메우려는 수단으로 볼 수 있지 않을까?

**닐스** 세계의 여러 현상과 그 상관관계를 초자연적인 것의 작용으로 설명하려는 시도는 문화사 전반에서 두루 나타나고 있어. 이런 사고는 이미 고대에서부터 시작되었지. 바람의 신, 바다의 신, 천둥의 신 같은 존재들은 고대 그리스의 다신교가 모든 자연활동에서 신의 역할을 감안했던 덕분이야. 또 폭풍우가 치거나 홍수가 나거나 가뭄으로 흉년이 들 때면, 신이 인간에게 벌을 내린다고 믿었어. 문화사에서 인간은 아주 일찍부터 원인과 결과를 종교적으로 해석하려 했지. 고대 이집트에서는 이런 생각이 아주 널리 퍼져서 흔히 예배와 의식으로 나타나기도 했고 말이야.

**파트릭** 적어도 우리가 아는 것들은 그렇지.

**닐스** 맞아, 우리가 아는 것들은 그래. 아주 일찍이 문화 초기부터 계약체계에 따라 기능하는 종교관이 존재했어. 흉년이 들면 신이 제물을 요구한다고 생각한 거야. 제물을 바쳐야 비로소 다시 비가 내리고 풍작을 거둔다고 믿었지. 이런 신의 보상과 처벌에 대한 종교적 신앙은 어느 문화에나 있는데, 이는 특정 종교집단에서 인간과 궁극적인 것, 절대적인 것의 관계를 설정하는 방식이 종교적인 시각에 결정적인 영향을 미친다는 것을 암시해. 신이 인간에게 바라는 것은 무엇인가? 어떤 신의 계율을 어떤 방식으로 실천해야 하나? 신은 인간세계에 영향을 미칠까? 미친다면 어떤 방식으로? 그러니까 누가 신을 믿는가라는 문제뿐만 아니라 믿는 방식까지 중요한 의미를 담고 있는 거지.

**파트릭** 아름다운 것(美)이 언제나 큰 역할을 했어. 과학이 영향을 미치고 대안과 합리적인 설명방식을 제시할 때까지는 말이야. 예컨대 어느 시점부턴가 풍년을 기원하기 위해 처녀를 제물로 바쳤잖아. 그래도 풍년이 들지 않으면, '빌어먹을, 하늘이 아직도 만족하지 못하는군! 제물을 더 많이 바쳐야겠어'라고 생각했지. 그러고는 처녀가 바닥나거나 다시 비가 내리거나 땅이 비옥해질 때까지 계속한 거야. 이런 폐쇄적인 시스템이 예상대로 늘 기능했다는 점은 너무도 흥미로워.

**닐스** 그런 생각이 오랫동안 지배적이었지. 하지만 인간은 문명사에서 종교적인 신앙보다 세계의 영향관계를 훨씬 잘 설명해주는 본질적인 원칙을 점점 더 많이 알게 됐어.

**파트릭**   그리고 마침내 과학이 제 역할을 하는 순간, '초자연적인 것'으로 여겨온 인간의 믿음을 과학이 빼앗아버리지. 과학의 등장과 동시에 일종의 진공상태가 퍼져나가고. 그전까지 신을 통해 규정하고 표현하던 모든 것이 갑자기 순전한 우연이 된 거야. 더 이상 제어할 수도 통제할 수도 없는 자연, 기도나 제물 같은 인간적 소통이나 의식으로는 더 이상 파악할 수 없는 자연으로 드러났단 말이야. 아마 그래서 다시 자연을 손에 넣기 위해 새로운 만병통치약처럼 기술에 희망을 품게 된 것 같아.

**닐스**   맞아. 종교와 과학은 역사의 진행과정에서 서로 분리되고, 현실에 대해 독자적인 시각을 형성했지. 특히 이런 현상은 자연과학이 급속도로 발달하고 근대적인 과학적 세계관이 사고의 척도로 발돋움한 18세기 계몽주의의 흐름에서 두드러졌어.

임마누엘 칸트는 당시 인간이 신을 증명할 수도 없고 반박할 수도 없다는 것을 놀라울 정도로 명확히 보여줘. 신학에 대한 당시의 모욕에도 불구하고 종교에 호의적인 태도를 보여준 거야. 종교는 세계의 해석을 둘러싸고 과학과 경쟁할 필요가 없고, 그 자체로 인간의 사고와 행위, 감정의 고유한 영역을 요구할 수 있다는 것이 분명했기 때문이지.

계몽주의의 위대한 신학자 프리드리히 슐라이어마허<sup>Friedrich</sup> Schleiermacher는 종교의 본질이 '무한한 것에 대한 감각과 기호'에 있다고 주장했어. 그의 이런 새로운 종교관은 오늘날까지도 통용되고 있지. 슐라이어마허는 종교가 인간의 유일한 체험가능성을 보여주는 것이라고 주장해. 종교적인 인간은 과학과 연구로는 파악할 수 없는 절대적인 것, 전체, 궁극적인 것을 신앙 속에서 예감할 수 있다는 말이야. 그의 이런 생각은 신학과 철학은 물론이고 종교에 대한 사회과학과 문화과학적 사고에도 깊은 영향을 미쳤어. 그래서 앞 장에서 소개한 종교사회학자 피터 루드비히 버거도 종교를 인간의 근본적인 경험의 표현형식으로 표현한 거야. 신성한 것에 대한 경험 말이야.

파트릭    그런데 대체 무엇이 신성한 것일까?

닐스    어려운 질문이야. 피터 버거는 먼저 현실인지의 다양한 층을 보여주면서 신성에 접근하려고 했어. 우리가 대화를 나누며 동일한 대상과 관계를 맺을 때 공유할 수 있는 또렷한 정신의 현실이 존재하는데, 이것이 우리가 보통 현실이라고 부르는 일상의 실제 모습이야.

이런 '최상층의 실제 모습' 외에, 인간은 세계 속에서 또 다른 경험을 할 수 있어. 가령 직장에서 나른해질 때면 백일몽에 빠져들면서 전혀 다른 세계로 사라지지. 또 MP3 플레이어로 애청곡을 들을 땐 허공에 두둥실 뜬 기분을 느끼기도 해. 마라톤 경주에서는 이런 무아지경을 경험했다고 말하는 육상선수들이 많아. 바로 이런 순간을 피터 버거는 '의미영역'이라고 불렀지. 인간은 삶의 특정 순간에 의미영역으로 빠져들 수 있어. 그러다 갑자기 알람이 낮잠을 깨우거나 육상선수가 목표지점에 도달하면 다시 일상의 세계로 돌아오는 거야.

그리고 버거가 볼 때, 신성은 아주 강력한 것이야. 이 유의미의 영역을 경험하면 정체성이 변화할 수 있지. 인간이 명상이나 기도를 하면서 절대적인 것, 궁극적인 것과 실질적인 관계를 맺는다는 느낌이 들면, 이 경험은 인격 전반에 영향을 미쳐.

이렇게 신성을 경험한 인상적인 예가 부처의 깨달음의 역사야. 석가모니는 보리수 아래서 명상하다 인간의 생과 속세는 망상이라는 깨달음을 얻었어. 이런 통찰을 통해 석가의 자화상과 세계관은 근본적으로 변했지.

이런 이야기를 종교적 체험의 원형이라고 할 수도 있을 거야. 역사 속에서 조직화된 종교는 그런 체험을 상징과 의식을 통해 표현하고 생생하게 간직하려 하고.

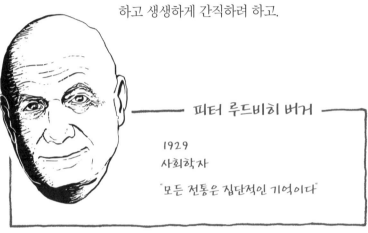

피터 루드비히 버거

1929
사회학자

"모든 전통은 집단적인 기억이다"

파트릭   네가 부처를 예로 드니 재미있다. 사실 부처는 앞에서 말한 고전적인 신의 모습이 각인된 종교 이미지를 대표하지는 않잖아. 다시 말해 신성한 세계에서는 언제나 체험이 중요해. 그리고 이런 체험과 직접 관계를 맺으면 정체성의 해체, 자기 해체가 나타나기 마련이고.

닐스   그런 체험은 또 해탈의 경지로 인도하지.

**파트릭** 다시 말해 인간 존재로서의 한계, '나'의 한계를 뛰어넘는다는 거야. 그런데 이런 체험을 해석하는 방식도 아주 중요해. 부처는 체험을 통해 진정한 자아를 느끼고 자신 속에서 깨달음을 얻었다는 의미로 삼라만상이 허상이라고 말했지. 물론 다른 사람들은 이런 체험을 다르게 해석할 수 있어. 문화적인 특징이나 사회화 방식에 따라, 자신은 하늘 혹은 아버지 곁에 있게 되었다고 주장할 수도 있다는 말이야.

부처는 내가 알기로 힌두교 배경에서 자랐어. 그리고 힌두교는 유일신에 대한 우리의 신앙과는 달리 아주 다양한 신들을 갖고 있지. 그런데 부처가 새로운 교리를 선포하고, 다른 교리들에서 신은 오로지 하나일 것이라고 추정하기에 이른 것은, 아마 전체와 하나가 되는 완전한 일체감의 체험과 해탈 때문일 거야. 하지만 정말로 중요한 것은, 사회화 방식에 따라 우리 내면에서 기존의 이미지들과 더불어 일어나는 현상들도 다르다는 점인 것 같아.

**닐스** 맞아, 아주 중요한 지적이야. 그런 면에서 부처도 아무런 사전 조건 없이 깨달음을 체험하지는 않았을 거야. 그는 그 이전에 많은 명상수행을 거치며 종교이론과 씨름을 벌였지. 그래서 신성을 체험할 때는 늘 경험과 해석 두 가지가 중요해. 삶에서 일어나는 일들은 내가 특정 방식으로 그것을 해석할 때 비로소 체험되기 마련이거든.

피터 버거는 인간이 늘 사물과 사건을 '뭔가로' 경험한다고 강조해. 예컨대 우리는 물을 차갑고 상쾌하고 생기를 주는 것 등 여러 가지로 경험하지. 그런가 하면 삶의 경험을 놀라운 것, 압도적인 것, 유익한 것, 위로가 되는 것, 자극적인 것 등으로 체험하고. 모든 만남과 경험을 지금까지의 삶과 연관시키면 그것들은 우리의 인생 행로에 영향을 줄 수 있어. 그리고 종교적인 사람들은 인생 경험을 종교적으로 해석해. 심각한 위기를 극복하면 신에게 감사드리는 식이지. 중요한 시험을 앞두고 불안해지면 힘과 용기를 달라고 기도하기도 하고.

**파트릭**   죄책감이 들 때는 고해하러 가거나 치료를 받으러 가기도 하고.

**닐스**   그렇지. 고해는 사제를 통해 실제로 죄가 용서된다고 믿을 때만 주관적으로 '효과'가 나타나지. 뿐만 아니라 종교적인 사람들은 예배나 명상, 기도를 하고 성서나 코란을 읽으면서 신성을 체험하길 바라. 이런 수행은 주관적으로 효과를 발휘하면서 정체성에 아주 본질적인 역할을 한다고 볼 수 있어.

**파트릭**   그렇다 해도 다음의 두 경우는 분명히 구분할 필요가 있어. 먼저 신성을 체험하지 못해서 끊임없이 그것을 추구하는 사람들이 있지. 그런가 하면 종교의 제도적인 구성요소에 불과한 종교공동체에 소속되기만을 바라는 이들도 있고. 이런 사람들은 신성의 추구보다 생각이 같은 사람들끼리 서로 만나 함께 의식을 벌이며 좋은 감정을 느낄 공간을 더 중요하게 여기는 것 같아.

**닐스**   그건 종교의 제도화에 따른 문제라고 봐야지. 피터 버거는 신성 체험은 지극히 짧다는 것을 강조하고 있어. 종교적인 체험은 지속기간이 짧고 단조로운 일상에서 이내 희미해지기 쉽다는 거야. 그리고 이렇게 자연스럽게 발생하는 순간을 통제할 수 있는 사람은 아무도 없어. 내일 이런저런 종교체험을 해야겠다고 계획할 수는 없는 노릇이잖아. 신성의 증거는 예측할 수 없고 사회학에서 말하듯 우발적이야.

그래서 사람들은 이런 종교체험을 보존하고 간직하고 저장하려고 하지. 이런 과정에서 신성한 체험의 저장수단으로서 종교 조직과 기구가 생겨난 거고. 전 세계의 모든 문화와 시대에서 종교의식과 기록이 생겨난 것도 이 때문이야. 사람들은 이런 종교체험을 붙잡아두기 위해 신성한 경험의 전 과정을 무조건 기록하려고 했던 거지. 피터 버거는 그 예로 코란의 탄생신화를 이야기했어.

**파트릭**  정확히 어떤 거야?

**닐스**  무슬림 신도들은 이슬람 경전인 코란이 가브리엘 대천사가 예언자 모하메드에게 한 자 한 자 불러준 기록이라고 믿어. 피터 버거는 이런 종교적 이야기를 사회학적으로 해석하려고 했지. 모하메드가 모든 것을 능가하는 신성한 체험을 문자로 표현하려고 했다는 거야. 버거의 견해에 따르면, 이런 과정은 모든 종교의 경전 혹은 신성한 글에 적용돼.

종교적 체험을 적절히 표현하기 위해 이런 기록의 저자들은 흔히 메타포와 유추 같은 시적 형식을 사용했어. 한편 조각가와 화가들은 이런 글의 내용을 다양한 종류의 예술작품으로 표현하려고 시도했고. 가톨릭 교회에서는 이런 종교적 예술품을 쉽게 찾아볼 수 있잖아. 베드로 대성당에 있는 미켈란젤로의 웅장한 그림이나 조각작품을 생각해봐. 바티칸 미술관의 수많은 그림과 흉상을 봐도 알수 있고. 피터 버거에 따르면 그 모든 작품은 시적 혹은 예술적 수단으로 신성한 세계를 보존하고 직접 종교체험을 하지 못한 사람들에게 그것을 보여주려고 한 거야. 그러므로 모든 종교예술의 본질적 기능은 종교체험이 망각 속으로 사라지지 않도록 그것을 저장하는 데 있지.

**파트릭** 그런 의미에서 교육과 의도적인 사회화 형식이라고 할 수도 있어. 내 주변에는 그런 미학적 형식의 구조로 해당 의식을 치르는 사람이 많아. 이것은 사실 종교적인 맥락에서의 사회화가 어떻게 일어나는지를 보여주는 아주 적절한 예라고 볼 수 있지.

**닐스** 맞아. 그래서 교회나 그 밖의 종교공동체처럼 기초가 탄탄한 종교기구나 조직이 다양한 사회적 기능을 받아들였어. 그중 하나가 어린이와 청소년을 각 종교의 전통과 가치, 기준으로 안내하는 사회통합이야.

우리 사회에 퍼져 있는 기독교 교회의 문제는 교회가 더 이상 이런 기능을 수행하는 유일한 조직이 아니라는 것이야. 가톨릭과 개신교 교회는 오늘날 종교단체나 세속적인 단체를 막론하고 다른 공급자들과 의미 제공의 시장을 공유할 수밖에 없어. 교회는 수많은 선택 중의 하나일 뿐이라는 말이지. 종교는 사적인 일이 되었을 뿐 아니라, 마르틴 루터의 매우 시의적절한 표현대로 누구나 '마음을 어디에 붙일지'를 스스로 결정할 수 있고, 또 그렇게 해야 하니까 말이야. 피터 버거는 이 과정을 '운명에서 선택으로'라고 불렀어. 과거에는 종교적 전통에서 태어났다면, 오늘날은 주관적인 결정을 전면에 내세운다고 봐야지.

**파트릭**   내가 즐겨 인용하는 사회학자 중에《문명화 과정》을 쓴 노르베르트 엘리아스^Norbert Elias가 있어. 엘리아스는 오랜 세월이 흐르면서 어떻게 자의적인 폭력이 줄어들 수 있었는지 의문을 품었어. 수천 년 전에는 오줌을 누러 가면서도 누가 뒤에서 때려죽이지 않을지, 약탈해가거나 않을지 걱정했다는 거야. 법이나 재산권이란 없는 것이나 마찬가지였고. 누구나 상대에게서 뭔가를 빼앗고 폭력을 행사하고 때려죽일 수 있었다는 말이야. 폭력의 혼돈시대라고나 할까.

그러다 이런 무질서를 다스리기 위해 강력한 강제력을 독점으로 행사할 수 있는 주체가 필요해졌다는 것이 엘리아스가 주장하는 논지의 하나야. 유럽에서 거대한 독점적 강제력을 행사한 곳 중 하나는 분명히 교회기구였어. 이런 식으로 종교는 부분적으로 문명화의 수단이 되기도 했지. 종교가 혼돈의 사회에 일정한 질서기준과 공동생활을 위한 일상적 도덕규칙을 도입한 거지.

예를 들어 유대교에는 미츠바라는 구약성서의 613개 규칙조항이 있어. 평상시에 살금살금 걸어야 한다는 일상적인 행동규칙도 있고, 죽은 가축에 손대지 말라는 위생과 관련된 규칙도 있고, 사유가축을 해치면 변상해야 한다는 법적인 규정도 있지. 이렇게 종교는 인간을 문명화하고 혼돈을 정리하는 기능도 했던 거야.

**닐스**   그래. 종교는 사회통합 외에 사회적 규율을 제정하기도 했지. 그런 초기의 사회 구축작업이 문명화 과정에 영향을 미치기도 했고.

**파트릭**   앞에서 관심을 갖고 다룬 메타포 혹은 이야기 중에 아담과 이브가 있는데, 구약에 나오는 이 일화도 아주 중요하고 원칙적인 예라고 할 수 있어. 어쩌면 이 원죄 이야기를 일부러 성서 맨 앞에 집어넣은 건지도 몰라. 신자로서 내가 잘못된 길을 가면 끊임없이 기도해야 하고, 모든 율법을 따라야 한다는 것을 알려주기 위해서. 그래도 계속 잘못하면, 결국 전반적인 인류 역사의 출발을 상징하는 주장, 즉 '너는 고생해 마땅하다. 아담과 이브가 죄를 지었으니 전체 인류가 낙원에서 쫓겨난 것'이라는 논리가 계속 반복되리라는 것을 가르쳐주기 위해서 말이지.

이 이면에는 사실 대단히 방어적인 도그마가 숨어 있어. 최고 권위에 대해서는 절대 의문을 제기하지 마라, 네 하나님의 인식에 접근하려고 하지 마라, 그렇지 않으면 지상에서 영원히 고통받을 것이라는 도그마 말이야.

그렇다면 성공을 거둔 모든 종교는 증거나 인식이나 논증으로는 절대 반박할 수 없는 은밀하고 폐쇄적인 시스템을 가지고 있는 것이 아닐까?


닐스　옳은 말이야. 종교는 도구화되는 과정에서 도그마, 즉 신앙의 원칙을 담은 신앙체계를 발전시켰어. 피터 버거에 따르면 종교체험은 그런 의미에서 기존 사회에 위험이기도 해. 성서의 역사를 보면 알 수 있지. 구약성서에 나오는 많은 예언자는 사회에 퍼진 종교적 폐해를 비판하면서 방향전환을 외쳤어. 즉 기존의 질서에 의문을 제기한 거라고.

그리고 그 때문에 자리가 잡힌 종교기구는 언제나 종교체험을 길들이려고 했지. 신성한 경험 중에 어떤 것이 기존의 체제에 적합한지, 또 인간의 신앙자세에 의문을 표하는 사람들을 어떻게 다룰지 시험해보면서 말이야.

종교의 역사에선 이런 문제에 다양한 해결책이 있었는데 그중 다수는 폭력과 억압을 사용해 그들의 체제를 보호하겠다는 생각이야. 그러니 이런 상황에서 '인간이 아니라 생각을 죽여라'는 칼 포퍼의 주장도 그다지 특별하게 들리지 않을 때가 많았던 거지.

파트릭　종교의 특징에 대해 이야기해야 할 것이 더 있어. 너는 몇몇 종교가 권력수단으로 악용되기도 한다고 했잖아. 정도의 차이는 있겠지만.

닐스　모든 종교가 이미 권력의 수단으로 남용되었지.

파트릭　그건 분명해. 하지만 각각의 특징에는 차이가 있지. 예컨대 유대교는 직접적인 선교활동을 하지 않아. 하지만 반유대주의 입장에서 볼 때는 세계를 정복하려 한다는 인상을 줄 때가 많다고. 다만 다른 종교에서 생각하는 선교활동을 실제로 안 할 뿐이지.

닐스　선교활동이라면 물론 불교도들도 하는 것이야. 요즘 유럽의 현대화된 불교도들은 때로 포교와 그들의 세계관을 홍보하는 일을 강하게 밀어붙이기도 해.

파트릭　맞아. 여기서 또 항상 제기되는 의문이 있지. 그때그때 지상의 어떤 정신적 지도자가 어떤 종교의 이름으로 말하는가? 그들은 무슨 얘기를 하는가? 종교를 어떻게 설명하는가? 그와 더불어 정치를 도모하는가? 물론 종교에서 극단적으로 벗어나 종교를 적절하게 악용하는 자들은 언제나 있어. 따라서 중심에서는 종교가 언제나 인간적인 면과 결탁해 있다는 것을 알아야 해. 권력과 지배권을 행사하려는 경향도 있고 말이야.

닐스　물론이지. 조직으로서의 종교는 언제나 인간이 만들고 다양한 이해관계에 휩쓸리기 때문이니까. 우리에겐 언제나 자기만의 모델과 이상, 생각 등이 있어. 이 모든 것들이 뒤섞여 우리를 긍정적이거나 부정적인 인간으로 만들지. 권력에 대한 굶주림이나 이기주의, 경쟁적인 사고도 다 여기에 속해. 그래서 종교는 애매하고 양가적일 때가 많아. 종교는 마르틴 루터 킹이나 마하트마 간디 같은 사람의 해방운동처럼 놀라운 힘을 불러일으킬 수 있어. 반면에 중세의 종교재판에서처럼 권력에 대한 관심과 폭력에 물들 수도 있지.

　나는 종교의 다양한 모습을 아주 잘 연구할 수 있는 곳이 로마의 베드로 대성당이라고 봐. 그곳은 종교에 반영된 인간의 역사로 꽉 차 있으니까 말이야. 죽음과 지옥을 묘사해서 인간을 불안하게 위협하는 그림들이 있는가 하면, 반대로 해방과 평화를 심어주는 신앙의 힘을 묘사한 그림도 있지. 이런 두 가지의 형태가 오늘날까지도 나란히 걸려 있어. 둘 다 예술작품으로 보는 거지.

파트릭　여기서 외관상 경직된 교조주의(도그마티즘)에도 불구하고, 종교는 결코 변하지 않으며 교회라는 제도도 변하지 않는다는 생각은 장기적으로 볼 때 난센스라는 걸 꼭 짚고 넘어가야겠어. 제도는 언제나 그때그때의 시대정신과 역사적인 맥락에 방향을 맞추고 사람에 의해 움직이기 때문에 변화가 불가피하니까.

　중세의 교회는 당시의 사회가 달랐기에 오늘날과는 전혀 다른 구조였어. 부분적으로는 극심한 빈곤이 지배했고 자의적인 폭력이 난

무했지. 그렇다고 종교재판 같은 횡포가 용서되는 것은 아냐. 다만 왜 당시에는 그런 일이 일어날 수 있었는지, 왜 오늘날에는 유럽의 가톨릭 교회가 똑같은 짓을 할 것 같지 않은지 느끼는 바가 있지.

즉 긴 시간을 뛰어넘어 시야를 조금 넓혀 메타 차원에서 바라보면, 경직된 도그마도 시간의 흐름 속에 누그러지거나 심지어 완전히 해체될 수 있다는 것을 확인하게 돼. 내 생각에 교회가 당면한 도전적인 과제는 전통과 현대 사이에서 균형을 취하는 거야.

닐스  그래, 맞는 말이야.

파트릭  그런데 왜 이러는 걸까? 즉 왜 한쪽으로 치우쳐서 전통에 매달릴까?

닐스  거기에는 여러 이유가 있지. 피터 버거는 인지오염이라는 말을 했어. 개방적인 사회의 흐름에서 사람들이 새로운 거래나 그와 결부된 낯선 사람과의 만남을 통해 다른 종교와 세계관이 존재한다는 것을 깨달을 때 경험하는 현상을 말한 거야. 이런 상황에 대처하는 가장 빠르고 상투적인 방법은 낯선 만남을 피하고 자신의 세계관을 더욱 강화하는 거지.

찰스 테일러는 서기 1500년에 신을 믿지 않기란 거의 불가능했을 거라고 말해. 다만 근대의 흐름 속에서 '신성新星 효과'가 등장했다는 것이 그의 생각인데, 세계를 해석하는 방식과 생활방식이 갈수록 다양해진다는 거지. 이런 상황에 직면해 많은 종교공동체는 다원성의 위협으로부터 '성스러운 것'을 보호해야 한다고 강조할 테고. 내가 볼 때 가장 큰 문제는 성스러운 것을 흔히 성스러운 것의 상징과 동일시한다는 거야.

파트릭 그건 무슨 말이야?

닐스 이런 혼동에 대해서는 과거에 마르틴 루터가 지적한 적이 있어. 중세에는 많은 성 유물과 예술품을 신성한 것에 대한 암시가 아니라 마치 그 자체가 신성한 것의 일부인 것처럼 취급했어. 또 교회의 도그마도 인간적인 요소는 전무한, 신이 직접 전해준 것으로 생각했고. 자연히 그 물건들은 종교적으로 논란의 여지도, 어떤 변화도 있을 수 없다고 볼 수밖에.

파트릭 요즘 독일에서는 실제로 '서양'으로 표현되는 서구적 가치사회가 일부 사람들에 의해 이슬람화되지 않을까 하는 불안으로 흔들리고 있어. 이런 불안은 과거 민족 대이동이나 문화 이동에 대한 생각과 직접 맞물려 나타나는 것 같아.
　독일로 새로 유입되는 사람들은 부분적으로는 당연히 전쟁이나 열악한 경제상황을 이쪽으로 몰고 오고 있는 측면도 있지. 하지만 오늘날 이민은 세계적으로 향상된 기동력과 다양성, 자유를 기반으로 하는 가치체계의 매력 때문에 촉진되기도 해. 이렇게 자유롭고 개방적인 사회의 가치가 많은 사람을 끌어들이고 있다고. 그들은 기본법과 민주적 가치가 통하고 이론적으로는 이렇게 최대치의 자유와 다양성을 누리게 해주는 나라를 발견한 거야. 여기에는 한편으로 외국문화와의 통합 기회도 포함되고, 다른 한편으로는 위협으로 느껴지는 위험도 도사리고 있어. 그리고 많은 사람은 근본주의적인 태도를 통해 그런 흐름을 차단하려 들고.

닐스　피터 버거가 말하려는 것이 바로 그거야. 현대화와 세계화에 직면해 두 가지 가능성이 다 있다는 거지. 그리고 인간 상호간의 지식에 결정적인 역할을 하는 것은 현대의 대중매체야. 피터 버거는 기본적으로 신도들에게는 세계화된 현대 상황에 대처하는 방법에 세 가지 길이 있다고 했는데, 그 가능성을 각각 연역적, 환원적, 귀납적 선택이라고 불렀어.

파트릭　알았어. 하나씩 설명해줘.

닐스　연역적인 선택부터 시작할게. 이것은 방금 네가 서양의 예를 들어서 잘 설명했어. 내 세계가 위협받고 있다는 느낌 말이야. 저 밖 어딘가에 내가 알지도, 이해도 못하는 위험이 도사리고 있다고 생각하는 거지. 이런 위협에 대한 연역적인 반응은 낯선 것을 차단하는 데 본질이 있어. 연역적인 사고는 현대사회를 막는 방벽을 설치하고 전통의 종교적 가치와 기준을 강화하려고 하지.

파트릭　또 재미있는 것은 그런 위협이 때로 상징적인 구조에 고착되기도 한다는 거야. 회교사원의 높은 첨탑이나 여성용 두건처럼 소속의 상징이 동시에 위협의 표시가 되는 거지. 이런 상징물이 혼란스러운 불안을 일정한 방향으로 유도하고 환상을 자극하는 외부의 스크린 역할을 하는 거야.

닐스　그렇지. 그런 연역적 반사 작용은 어느 문화나 종교를 막론하고, 심지어 세속적인 영역에서도 볼 수 있어. 네가 말한 서양 이데올로기는 어쩌면 기존의 것들을 강화시키는 생각인지도 몰라.

신도들이 현대의 신성효과에 대처하는 두 번째 방법 즉, 환원적인 선택은 연역적인 신앙심의 정반대야. 이 태도는 다원성에 직면해서 종교적 가치와 기준과 전통을 세속적인 개념과 형태로 환원하려고 하지.

　이런 현상은 현대 기독교에서 흔히 볼 수 있어. 사실 예수는 노이로제를 치유하는 것 외에는 다른 의도가 없었던 심리치료사였어. 또 다른 의미에서는 사실 평화를 옹호하고 사회적 불의에 맞선 일종의 정치개혁가였지.

　환원적인 사고는 종교적 가치와 가르침에서 세속적인 알맹이를 끄집어내려 하는데, 이것이 성공하면 그 핵심내용은 신앙심과는 전혀 무관하게 현대의 모든 사회형식에 적용할 수가 있어. 예를 들어 산상수훈을 순전히 도덕적인 가치목록으로 이해할 수 있는 거지. 비록 종교적으로 포장되기는 했지만 완전히 벗겨놓고 보면 세속적인 메시지로 통용될 수 있다는 말이야.

**파트릭**　어쩌면 세속화란 단지 신학을 철학으로 옮기는 것이라는 지극히 평범한 주장을 할 수도 있지 않을까?

**닐스**　철학에서는 그런 현상을 흔히 볼 수 있어. 유명한 예가 카를 마르크스의 헤겔 해석인데, 마르크스는 헤겔의 사상을 인류의 역사가 목표를 향해 발전 중임을 나타내는 것으로 수용하고, 그 이론에 담긴 형이상학적·신학적 측면은 모두 배척했지. 그는 헤겔의 철학을 급진적으로 세속화하면서 자신의 말로 그것을 뒤죽박죽으로 만들었어. 아이러니컬하게도 자신의 철학적 개념으로 다시 종교와 유사한 이데올로기를 만들었달까.

아무튼 세속적인 토대에 신성한 의미를 부여하는 경우는 드물지 않은데, 그러면 민족은 신성해지고 깃발도 신성한 상징을 띠게 되지. 혹은 정치적 해방운동이 흡사 종교적인 것처럼 해석되기도 하고. 오늘날까지 많은 사람이 체 게바라 같은 인물을 성인이나 메시아처럼 떠받드는 현상을 보라고. 인권을 성서의 핵심으로 생각하고 복음서에서 인권의 개념을 도출할 수 있다는 이론들도 있어. 종교의 핵심을 현대적인 가치로 바꾼 거야. 이것을 물론 많은 문제를 피해가는 간단한 해결책이라고 볼 수 있지. 그러면 무신론자들과 소통할 수 있고 많은 점에서 의견의 일치를 볼 수도 있으니까.

파트릭　그러면 세 번째 길은?

닐스　피터 버거에 따르면 세 번째 선택은 가장 어려우면서도 가장 흥미로워. 그가 귀납적 선택이라고 불렀던 이것은 종교의 근원에 대한 회고, 즉 종교체험이 본질이지. 귀납적-종교적인 사람들은 신앙심을 통해 생활 속에서 신성한 것을 보호하고 생생하게 간직하면서도 현대세계와 조화를 이뤄.

종교적인 의식과 전통을 새로 해석하거나 강화하지 않은 상태에서 개인 신앙과의 관계를 유지하는 이런 태도에서는 종교공동체에 대한 비판적이면서도 긍정적인 관계와 종교개혁에 대한 개방적 자세가 가능해지지. 종교적 전통은 개인적인 종교체험과 결합되면서 활발해지고. 이를 통해 과학적인 세계관이나 다른 종교와 대화가 가능한 신앙이 생기는 거야. 고유한 전통을 진지하게 취급하면서도 다른 세계관과 교류하는 가운데 전진하는 모습이지. 귀납적 사고형 인물의 전형적인 예로는 남아프리카에서 자신의 종교적 태도를 직접 정치활동으로 끌고 들어가는 데스몬트 투투<sup>Desmond Tutu</sup> 주교를 들 수 있어.

파트릭   그런 경우 영성이라는 개념을 적용할 수도 있을까?

닐스   맞아. 그런 현대적인 개념들은 종교 세계에 새로운 색깔을 입혀주지. 아마 요즘 사람들은 기도보다는 명상이라는 개념에 더 매력을 느낄지도 몰라. 명상이라는 말에는 개방적인 분위기와 연결성이라는 뉘앙스가 담겨 있으니까 말이야.

파트릭   일종의 재구성이나 재해석 같은 건가? 낡은 것은 어떤 식으로든 소실되고 단순하게 발생한 과거의 진부한 역사도 흘러가버리지만, 영성에서는 뭔가 의미 추구에 대한 욕망과 언제까지고 지속될 수 있을 것 같은 느낌이 풍겨.

닐스   그런 욕망도 일상에서 스스로를 주장해야 해. 또 이를 위해 차단 대신 대화와 개방의 수단을 찾아야 하고.

파트릭   차단이라면 예컨대 밀교적인 경향을 말하는 거야?

닐스   밀교적 경향은 특유의 방법상 아주 근본주의적이면서 차단을 목표로 할 수 있어. '우리는 깨달음을 얻었고 다른 사람들과 달리 계속 발전한다'라는 문장은 귀납적 사고를 하는 사람들이 들으면 기분 나쁠 거야.
　피터 버거는 이 세 가지 길이 각 종교에 엇갈려 들어 있다고 강조해. 이것은 모든 종교현상에 나타날 수 있다는 거지. 문제는 언제나 종교적 가르침과 형식을 대하는 태도야.

**파트릭**   내가 보기엔 세 번째 사고모델이 좋은 것 같아. 어쩌면 아주 간단히 연습할 수 있을 것도 같고. 가령 어떤 비전을 가진 누군가를 상상해보는 거야. 이 사람이 어떤 사회적 역할과 사회화 형태 속에 있는지에 따라 그 경험을 다양하게 해석하고 분류할 수 있겠지.

　그가 비전을 품은 성직자라면 분명히 종교체험으로 평가되는 맥락에 싸여 있을 거야. 예컨대 노숙자처럼 사회에 직접 뿌리를 내리지 못하는 사람이라면, 그 체험은 즉시 병리적으로 평가되고 그는 종교체험 대신 완전히 망상에 휩싸인 듯 여겨지겠지. 이것은 세속화에서 보이는 환원의 극단적인 형태야. 그리고 세 번째 선택은 양자병행으로 볼 수 있어. 즉 병적으로나 전통적으로나 종교적으로 평가하지 않는 새로운 중간지대를 발견한다는 말이지.

**닐스**   바로 그거야. 우리는 이 세 번째 유형으로 많은 걸 인식할 수 있어. 어쩌면 보완요소의 기능도 할 수 있을 거야. 피터 버거가 아주 멋진 용어를 만들어냈지. 귀납적 선택은 자발적으로 종교적 '넥서스Nexus' 속으로 들어간다는 것을 의미해. 실제로 그는 이 말을 사용했어.

**파트릭**   그 말은 무슨 의미야?

**닐스**   넥서스는 전통의 강 같은 것을 말해. 예를 들어 기독교는 역사를 통해 하나의 강이나 하천처럼 흐르는 수천 년의 전통을 갖고 있어. 귀납적인 신앙은 자발적으로 이 강으로 들어가는 것을 의미하지만 무작정 휩쓸리는 것이 아니라 스스로 헤엄쳐 가는 거지. 완전히 물속에 잠길 필요는 없고 이 강에서 움직일 수 있다는 말이야. 이리저리 헤엄치다가 이따금 어느 섬에 닿아 조금 참고 견딜 때도 있고.

**파트릭**  지류나 만에 닿을 때도 있고?

**닐스**  맞아. 그러는 사람도 있겠지.

**파트릭**  뗏목을 탈 경우엔 교양의 노를 젓고?

**닐스**  바로 그 말이야. 그것은 종교적인 노를 의미하지. 내가 뭔가를 한다면, 그게 무엇인지 알려고 하면서 계속 조사를 할 거야. 이것은 삶의 종교적인 영역에도 통하는 이치야. 종교적인 교양은 자신의 종교뿐만 아니라 다른 종교들까지 더욱 잘 알고 이해하려고 노력하는 것을 의미해. 깨어 있는 자세로 종교적 실천을 시도하고 자신이 어떻게 반응하는지 관찰한다는 의미도 있고. 외부의 결정에 자신을 내맡기지 않고 말이야.

연역적인 선택

차단

근본주의화

환원적인 선택

옮기기 :
전통적인 것
세속적인 것

귀납적인 선택

결합
허용
"영성"

세계화된
현대에 대처

버거

#6 칸트

증명 불가

틈을 메우는 용도

물물교환

사회화

견격 수단

신의 존재증명

초자아

문명의 수단

노르베르트
엘리아스

〈문명화 과정〉

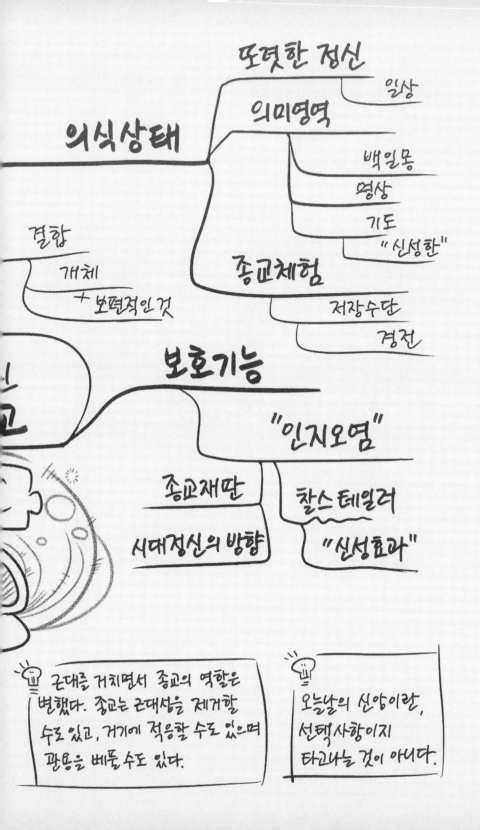

또렷한 정신

의미영역

일상

의식상태

백일몽

명상

기도

"신성한"

결합

개체

+ 보편적인 것

종교체험

저장수단

경전

보호기능

"인지오염"

종교재판

찰스 테일러

시대정신의 방향

"신성효과"

근대를 거치면서 종교의 역할은 변했다. 종교는 근대성을 제거할 수도 있고, 거기에 적응할 수도 있으며 관용을 베풀 수도 있다.

오늘날의 신앙이란, 선택사항이지 타고나는 것이 아니다.

# 에필로그

파트릭   이제 대화를 끝맺을 때가 됐군. 끝으로 우리 각자의 개인적인 요점을 정리해볼까?

닐스   그래야지.

파트릭   이 책에서 표현한 생각을 다시 요약해서 정리하면, 독자가 전체 내용을 확인하면서 생각을 다듬을 수 있을 거야. 너부터 시작해봐.

닐스   좋아. 처음에 우리는 무엇이 개인으로서 한 사람을 만드는가에 대한 문제를 짚어봤어. 그러면서 인간의 진정한 자아에 대한 끊임없는 모색으로서 정체성이란 개념으로 넘어갔지. '나는 진정 누구일까? 내가 왜 여기 있는 것일까? 나는 어떤 존재일 수 있고 어떤 존재이고자 하는가?' 등등.

내 생각에는 우리가 여기서 토론한 모든 주제, 즉 교육과 교양, 가족과 우정, 선악에 대한 문제부터 민주주의와 종교에 이르기까지, 이들 모두가 기본적으로 언제나 자신에 대한 이런 근원적 물음의 표현인 것 같아. 우리는 어떤 자아개념을 갖고 있는가, 이 세계에서 우리는 어떤 자리를 차지하고 있나, 자기 존재에서 어떤 의미를 보는가 하는 것은 언제나 중요한 문제니까.

이런 맥락에서 나는 인류의 중요한 의문은 결국 세 가지 기본적인 물음, 즉 '나는 무엇을 알고 있는가? 나는 무엇을 해야 하는가? 나는 무엇을 희망해야 하는가?'로 귀결된다고 말한 칸트의 말을 다시 인용하고 싶어.

철학과 과학, 종교는 언제나 이 물음에 답하려고 하지. 그것들은 어쩔 수 없이 인간의 인식능력에서 비롯되기 때문이야. 그리고 이런 물음은 결코 최종적인 답을 얻을 수 없어. 다행히 그런 의문들은 결코 권태롭지 않고.

파트릭  아주 훌륭한 요약이야.

닐스  고마워. 네가 말한 요점은 뭐지?

파트릭  내가 볼 때, 이 책에서 뚜렷한 흔적을 남긴 주제는 교양이야. 교양은 고도로 복잡한 이 세계에서 성공적인 존재라는 문제에 대한 답과 관련된 주제이기도 해. 우리 인간은 배우면서 동시에 가르치는 존재야. 달리 어쩔 수가 없어.

한편으로 우리는 끊임없이 다른 사람들에게서 배워. 대개는 모방을 통해서. 그것을 위해 우리는 수많은 본보기를 찾고 구해. 인간의 행위와 행위에 대한 성찰이 있는 곳이면 그런 모범상은 어디에나 널려 있지. 미디어를 통해, 그리고 우리가 인간으로서 행하는 모든 만남과 경험을 통해, 부모나 친구, 교육시설의 주변인들에게서 배움을 얻지. 따라서 교양의 질은 우리의 모범 및 모범적 행위의 질과 직접적인 관련이 있어.

게다가 우리는 이런 학습과정을 꿰뚫어보고 "아니요"라고 적극적으로 그것을 부숴버릴 수도 있지. "아니요"라고 말할 수 있을 때 비로소 지속적으로 발전할 수 있고, 견고한 구조를 깨트리고 나올 수 있는 거야.

이때 우리가 삶에서 어떤 환경에 놓였는지는 전혀 중요하지 않아. 우리는 고도로 기술이 발달한 법치국가에서 살고 있어. 수십 년 전부터 어디서나 외국인을 쉽게 볼 수 있고, 이론적으로는 굶주림에 시달리지 않아도 되는 나라지. 이런 곳에서는 언제나 쉽사리 교양에 대해 말할 수 있어. 한편으로 그것은 우리의 의무이기도 하고. 교양사회를 구축해 나가는 것이 여기서는 쉽기 때문이야.

개인적으로 볼 때, 복지수준이 높아지면서 지구상의 다른 나라 사람들에 대한 책임도 덩달아 커지는 것 같아. 내 느낌에 우리 사회는 현재 일종의 사춘기에 있는 것 같아. 성인이 되어 이 지구와 지구상에 사는 모든 생명체에 대한 책임을 걸머지기 직전 단계에 있는. 하지만 유치한 자기중심주의라는 낡은 프로그램이 우리 계획을 망쳐놓을 때가 많아. 무엇이 이성적이고 무엇이 아닌지 잘 알면서도 경솔한 행동방식으로 후퇴하는 일을 되풀이하지. 일시적인 쾌락을 위해 자원을 낭비하고, 다른 생명체를 직간접적으로 착취하고 있어. 하지만 성인이 된다는 것은 흔히 다른 사람을 위해 포기할 줄

260

도 안다는 의미인데, 자식을 낳아본 사람은 이런 이치를 아주 잘 알 거야. 새로운 지구인을 위해 지금까지의 삶을 완전히 바꾸는 깃. 하지만 포기하는 이유도 갑자기 눈앞에 닥친 미래를 보고 언제나 성공적인 미래를 원하기 때문이야.

닐스  자신에 대한 생각이 자신을 넘어 지구상의 다른 존재들과 어떻게 함께 살지에 대한 물음으로 직결된다는 것을 보여주는 훌륭한 변론이야. 이 세계와 자기 문제를 파고드는 것은 동전의 양면과 같지.

파트릭  그런 의미에서 다음 책이 나오기를 기다려야겠는걸.

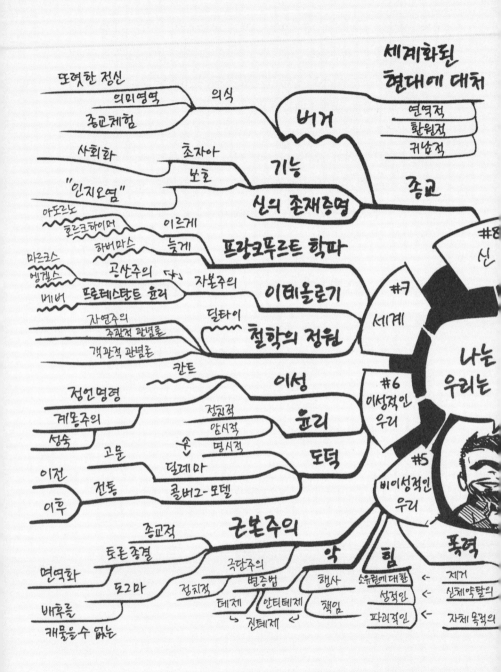

세계화된
현대에 대처

또렷한 정신
    의미영역    의식
    종교체험

버거

연역적
환원적
귀납적

사회화    초자아
        보호    기능

종교

"인지오염"

신의 존재증명

아도르노
호르크하이머    이르게
    하버마스    늦게    프랑크푸르트 학파

#8
신

마르크스
엥겔스    공산주의
베버    프로테스탄트 윤리    자본주의

이데올로기

#7
세계

자연주의
주관적 관념론    딜타이
객관적 관념론    철학의 정원

나는
우리는

정언명령    칸트    이성
계몽주의
성숙        정치적    윤리
        암시적
고문        명시적    도덕
이전        딜레마
이후    전통    콜버그 모델

#6
이성적인
우리

#5
비이성적인
우리

종교적
토론종결    근본주의
연역화    도그마    극단주의        악    힘    폭력
배후를        정치적    변증법    행사    소유권에 대한    ←    제거
캐물을 수 없는        테제    안티테제    책임    성적인    ←    신체약탈의
        진테제    파괴적인    ←    자체 목적의

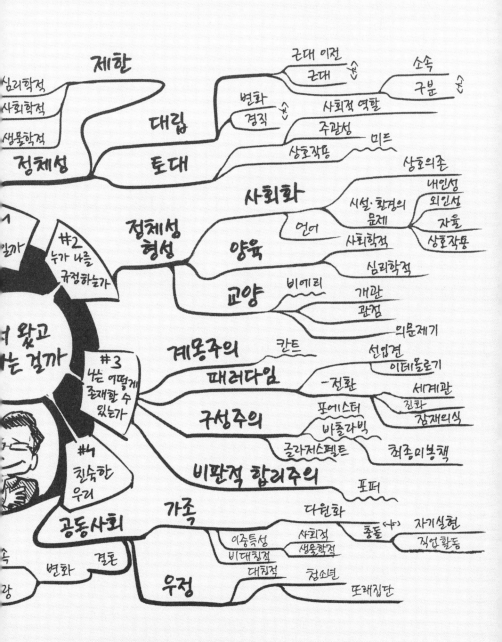

제한

심리학적
사회학적
생물학적

정체성

대립

토대

제한

근대 이전
근대

소속
구분

변화
경직

사회적 역할

주관성
미드

상호작용

상호의존

사회화

시설·환경의
문제

내인성
외인성
자율
상호작용

#2
누가 나를
규정하는가

정체성
형성

양육

언어

사회학적

심리학적

교양

비에리

개관
관점

의문제기

왔고
는 걸까

#3
나는 어떻게
존재할 수
있는가

계몽주의
패러다임

구성주의

칸트

포에스터
바츨라빅
글라저스펠트

선입견
이데올로기

-전환

세계관
진화
잠재의식

최종미봉책

#4
친숙한
우리

비판적 합리주의

포퍼

공동사회

가족

다원화

이중특성
비대칭적
대칭적

사회적
생물학적

청소년

충동

자기실현
직업활동

속

변화

결론

강

우정

또래집단

옮긴이_ 박병화

고려대학교 대학원을 졸업하고 독일 뮌스터 대학에서 문학박사 과정을 수학했다. 고려대학교와 건국
대학교에서 독문학을 강의했고, 현재는 전문번역가로 일하고 있다.
옮긴 책으로《소설의 이론》《현대소설의 이론》《수레바퀴 아래서》《사고의 오류》《공정사회란 무엇인
가》《유럽의 명문서점》《최고들이 사는 법》《하버드 글쓰기 강의》《자연은 왜 이런 선택을 했을까》《슬
로우》《단 한 줄의 역사》《마야의 달력》《두려움 없는 미래》《에바 브라운 히틀러의 거울》《구글은 어
떻게 일하는가》《저먼 지니어스》《미국, 파티는 끝났다》《우리 앞의 월든》등 다수가 있다.

어서 와, 이런 철학은 처음이지?

초판 1쇄 발행일 2018년 8월 31일

지은이 파트릭 브라이텐바흐, 닐스 쾨벨
옮긴이 박병화
펴낸이 김현관
펴낸곳 율리시즈

책임편집 김미성
디자인 Song디자인
일러스트 이자벨라 블라터Isabella Blatter
마인드맵 스벤 죄닉센Sven Sönnichsen
종이 세종페이퍼
인쇄 및 제본 올인피앤비

주소 서울시 양천구 목동중앙서로7길 16-12 102호
전화 (02) 2655-0166/0167
팩스 (02) 2655-0168
E-mail ulyssesbook@naver.com
ISBN 978-89-98229-61-0 03100

등록 2010년 8월 23일 제2010-000046호

ⓒ 2018 율리시즈 KOREA

이 도서의 국립중앙도서관 출판시도서목록(CIP)은 서지정보유통지원시스템
홈페이지(http://seoji.nl.go.kr)와 국가자료공동목록시스템(http://www.nl.go.kr/kolisnet)에서
이용하실 수 있습니다.(CIP제어번호: CIP2018026739)

책값은 뒤표지에 있습니다.